美力经济学

未来社会发展的第一生产力

Meili Economics

赵春林◎著

中国出版集团
现代出版社

图书在版编目（CIP）数据

美力经济学：未来社会发展的第一产业 / 赵春林著. -- 北京：现代出版社，2018.5
ISBN 978-7-5143-6914-4

Ⅰ. ①美… Ⅱ. ①赵… Ⅲ. ①产业发展—研究 Ⅳ. ①F26

中国版本图书馆CIP数据核字（2018）第040298号

美力经济学

著　　者	赵春林
责任编辑	杨学庆
出版发行	现代出版社
通信地址	北京市安定门外安华里504号
邮政编码	100011
电　　话	010-64267325　64245264（传真）
网　　址	www.1980xd.com
电子邮箱	xiandai@vip.sina.com
印　　刷	廊坊市海涛印刷有限公司
开　　本	787mm × 1092mm　1/16
字　　数	158千字
印　　张	12
版　　次	2018年5月第1版　2018年5月第1次印刷
书　　号	ISBN 978-7-5143-6914-4
定　　价	48.00元

前言
Preface

美是我们生活中并不陌生的字眼儿，它在我们的生活中几乎随处可见、触手可及，但是对于很多人来说，美还只是一种纯粹的审美对象，很少有人会把美和经济联系在一起。不过，在市场经济环境下，美不仅仅是深植于人们内心的对于美好和幸福的追求，更能外化为一种潜在的竞争力，成为产品经营者或是企业参与市场竞争的重要手段和方式。而且，美的艺术与经济的结合早已渗透到了各个领域，成为备受人们瞩目的焦点。

很多时候，我们都会认为美的艺术和经济总是要保持一定的距离，否则这种美就会沾染太多的世俗气，就会降低美的格调与层次。实际上，人们并不缺少美的艺术，而是缺少美的生活，美的艺术高高在上，只供少数人把玩和品味，绝不是美的真正归宿。真正的美应该是与生活融合在一起的，毕竟美的艺术就源自生活。因而，服务于生活的美、给生活带来美感和切身实惠的美才更有价值和意义。

随着人们在物质生活上的极大满足，人们把更多的时间和精力投入到精神领域的审美体验上，人们对美的需求和要求也在不断升级。从清洁的空气、洁净的水、优美的环境等自然之美，到美味的食品、华丽的衣服、漂亮的汽车等产品之美，再到健康活力的身体、青春永驻的容颜等健康之美等，人们对美的追求可谓无处不在、无时不在。而且，在枯燥乏味、缺少情趣的生活中，人们亟须一种既能够满足人们物质需求，又能够为人们提供审美享受的事物，使得生活艺术化，这才是一种有品质和情怀的生活，也是一种值得回味和引以为傲的生活。也正是出于这样的迫切需求，人们对美持之以恒地探索、发掘和创造，产品经营者和企业也为此集合了大量的人力、物力和财力来极力满足人们对美的需求。

美的艺术化身经济因素进入经济领域，已经成为一种不容忽视的潜在竞争力，“美力经济学”也被越来越多的人认可和肯定，出现了各种各样的美的经济形式和形态。比如，我们看到的各种以艺术为主题的专卖店，很多建筑在设计和经营管理上都融合了情绪化的审美元素，越来越多的企业对员工进行“美学特训”，等等。

所谓美力经济学，就是一种与“美”有关的产业经济，一种为了迎合美、满足美、创造美、实现美的经济形式。而且，相对于传统经济，美力经济外在上不以功利为先，不求快速，不流平庸，注重一切美的灵感和生活的艺术，不仅追求实用性，更注重美感享受和精神层面的消费。由此延伸开来，美力经济学的产品更注重品牌的营造，所谓“攻心者为上”，力求达到一种直击人心、触人心扉的感染力。在此种经济模式下诞生的产品一旦赢得消费者的认可，便具有持久的生命力和极大的溢价能力，创造出惊人的商业价值。毕竟，美力经济学打造的产品更加注重感受和品位，注重营造和满足人们日益增长的对美的需求。简而言之，美力经济就是把人们对美的需求转化为生产力的经济。

美的艺术与经济的融合早已在我们的想象之外，由美创造的经济价值和潜在的利润也正在成为每一个产品经营者和企业在未来的市场竞争中争夺市场份额的重要挖掘空间，美正在成为产品或服务背后的一种越来越重要的竞争要素。根据市场上这些包含美的产品的销售情况，我们也能够直观地感受到人们对美的需求有多么强烈，美在市场竞争中发挥的作用有多么大。正是由于这些产品或服务包含了美的倾向和要素，才使得其在同类产品中具有更强的竞争力，更能赢得消费者的肯定、认同和青睐。所以，未来社会发展的第一产业必然要与美息息相关。

《美力经济学——未来社会发展的第一产业》就是一本把美的倾向和要素融入和应用到经济中去的书籍。在这本书中，作者敏锐地意识到，正是人们对美的追求，推动着企业不断创新去满足人们对美的要求，从而推动产业的发展和社会的前进。也正因为如此，在现实生活中，人们的商业活动总是在有意无意地围绕满足人们对美的需求为目标而进行，而那些能满足人们对美的需求的产业也必将成为未来的朝阳产业。因此，产品经营者和企业一定要让自己的产品富有美感，能够激发人们内心对美的追求。“不是在家，就是在去艺术馆的路上”，这是现代美学延伸出的生活方式之一，也是孕育“美力产品”的重要发展目标。毕竟，随着竞争越发激烈，美与商品有着天然的联系，是抢占市场的基础。这种联系若是能够运用得当，就能够成功地捕捉到消费者的内心需要，发现生活中潜在的趋势，为产品注入灵魂，产生令人难以拒绝的美。

目 录

Contents

第一章　美无处不在

第二章　美是一种需求

第三章 美是一种生活态度

第四章 美是一种竞争力

第五章 美是一种产业

第六章　青山遮不住——美的潮流

第七章　大美的至高境界

第一章 美无处不在

美是一个令人赏心悦目的字眼儿，恐怕没有人会对美视而不见，无动于衷。美最是让人心动感触，人们对美的追求也从来就没有间断过。美在我们的身边无处不在，它就像是影子一样陪伴在我们的身边，并以各种各样的形式和状态呈现出来。其中，美不仅包括自然之美、运动之美、艺术之美、人间的真善之美，还包括和谐发展之美、创新创造之美等。这些各种形式和种类的美，成为了我们生活中最为精彩和亮丽的点缀，也让我们的人生更加丰富和充实。

第一节　自然是一种美

随着人们生活水平的提高，人们对生活品质的要求越来越高，对所购买的商品不仅要求它能够从实用的角度满足人们的需求，还要能够给人以美的感受和体验。也就是说，我们以往在购买商品的时候，更多的是追求它的实用价值和硬件品质，考虑的是它能否帮助我们解决眼前的问题，给予我们实实在在的质量和服务。但是对美的追求从来都是存在的，在实用需求得到满足之后，人们就希望购买的商品和获得的服务更加倾向包含对美的塑造，带有一定的设计美感和审美趣味。

有道是“爱美之心，人皆有之”，面对大自然的美景，我们总会忍不住停下前进的脚步，流连忘返；每当耳边听到美妙的旋律，我们总会如痴如醉地沉迷其中，把所有的烦忧都暂时抛却；每当看到俊美清新的脸庞，我们总会忍不住地频频回望，甚至因为忘记看前面的路而闹出笑话。实际上，这就

是人们对美的追求，美的需要是人类生存和发展的重要方面，人们正是通过美来表现和彰显自我的独特和与众不同。而且，在所有美的追求中，自然美是美的基本形式，也是最具气质的美。也正因为这样，人们在进行各种消费的时候，才把对自然美的追求渗入其中，美学经济正在以一种不知不觉的力量席卷整个消费市场。

比如，带有设计感和艺术感的消费品，往往更容易赢得消费者的关注和喜爱，继而驱动消费者做出消费行为。而这些商品为了更好地彰显美的艺术，在设计和规划的时候，就十分注重对自然美的模仿和借鉴。这些商品的设计师们大都拥有一双善于发现美的眼睛，善于从大自然中汲取设计灵感。比如大自然中的山川、河流、花卉等的造型，对于一些产品的外观设计都很有借鉴和参考意义。像一些汽车产品的外观设计、化妆产品的精美外观及包装等常常都会从自然之美中汲取灵感。

同时，人们对自然美的追求还体现在其消费需求不再仅仅是为了满足衣食住行，而把时间和精力更多地投向对自我容颜、身心的全面塑造。就拿容颜来说，伴随着人们各种各样的浓妆艳抹，皮肤受到了越来越严重的伤害，因此人们越来越倾向于更加亲和皮肤、贴近自然的化妆品和护肤品，不再过

度追求它们的美白效果和夸饰作用，而是更加强调在流露自然美的过程中展现美丽真实的一面。所以，越来越多的化妆品品牌在市场定位的时候就侧重于对人体自然美的塑造，让人能够展现出最自然的美，最具气质的优雅，而不是全然包裹在层层化妆品和护肤品之下。

就拿身心的塑造来说，人们对自然美的倾向更多地体现在各种各样的旅游活动上。尤其是对一些自然景观和地理奇观的欣赏，像看那蜿蜒穿行的天山山脉，听那从天际垂下的尼亚加拉大瀑布，赏那色彩斑斓、别具一格的丹霞地貌，以及堪称“世界第一奇观”的石林，等等。除此之外，还有各地著名的溶洞、峡谷、河流等地理奇观，这一切自然的美，都让人们看得荡气回肠，在不知不觉中被大自然的魅力和伟大所折服。也正因为这样，旅游经济大行其道，甚至成为某些地方的支柱产业，带动了一系列相关产业的发展，为当地带来了极大的经济效益和社会效益，也有力地解决了当地的就业难等问题。当然，除了我们这里说到的关于容颜和身心塑造方面追求自然美的倾向外，还有很多产品和产业都是因为自然之美而崛起的，并由此成为一种具有极强生命力的朝阳产业。

可见，自然也是一种美，而且是一种与我们息息相关、处处可见的美。

这种美除了能够给我们带来赏心悦目的审美感受外，还能够应用到市场经济领域，被有投资眼光和敏锐洞察力的产品经营者和企业经营者利用。也正因为这样，人们对自然之美也更加的推崇和喜爱。

总之，爱美是人的一种本质力量，人们如今的消费过程实际上就是不断地追求美、探索美和创造美的过程。而对于所有的美，自然美无疑是最基础、最具魅力的。比如金黄色的秋叶、青天白云的天空、摇曳的花草、斑斓的湖水等，其他所有形式的美大多是在自然美的基础上衍生发展而来的。所以，自然也是一种美，它始终蕴藏着一种充满活力和朝气的美，在不知不觉中给人带来美的感受和体验。当然，自然美应用到经济中则是一种大美，一种引爆新的经济增长点的美。在这种自然美的驱动和影响下，一批朝阳产业正在蓬勃发展。

第二节　运动是一种美

在自然美的精神内核中还蕴含着一种饱含活力和运动气息的美，或者说美本身就是一种生命活力，更是一种流动的范畴和概念，我们生活中的美很多都来源于自然的活力运动。也正因为这样，人们总是忍不住对充满生命活力的运动满心倾慕赞美，每每看到那些矫健的身体、娴熟的技巧都会心向往之。

虽然人们对美的定义和感受有所不同，在不同的时代环境和审美意趣下，人们对美的界定也有所不同。可事实上，鉴于人们对自然的礼赞和倾慕，越来越多的人对运动有一种天然的好感。有道是“生命在于运动”，运动从我们懵懵懂懂开始就一直伴随左右，一举一动，甚至是每一个成长的细节都包含着运动的因素。我们就是在一点点的运动和从无到有、由浅入深的过程中成长的。在成长的过程中，我们获得了生命的张力、健美的身体、开阔的心胸，形成了良好的人际关系网络。

同时，大自然的万事万物也都处在不停的运动之中。我们都知道，运动是绝对的，那些貌似稳如磐石的事物其实每时每刻都在运动着。正是这种永不停歇的运动，使得我们的眼睛常看常新，让我们的生命充满了活力和新鲜，每天都会有不同的精彩和华丽呈现。尤其是随着人们物质生活水平的提高，人们对运动美的追求愈加强烈，健美的身材、健壮的身躯成为每一个人心之所求，也是展现一个人精神面貌和内心世界的重要载体。

运动不仅能够增进人的健康、丰富人们的业余生活，还能够发展人的个性、彰显人的魅力、冲击人体的极限，这本身就是一场美的进修。尤其是观赏体育比赛或运动场景，对于我们来说，本质上就是一场审美活动，我们在这些比赛活动中，感受到了力量、速度和激情，感受到了生命的活力飞扬。当然，对于置身其中的人来说，情感体验和竞赛过程更让人印象深刻，在酣畅淋漓的运动之后内心往往会无比舒畅。所以，运动也是一种美，是一种追求更快、更高、更强，完成自我超越的美的体验。加上各个运动项目的规律、特点、力度有所不同，它们给人的审美感觉与体验也是不同的。

反观我们现在的经济环境，市场渐趋饱和，电商对实体经济的冲击也越来越大，有越来越多的传统行业或店铺在巨大的冲击下走向绝路。而我们仔细观察一下就会发现，在众多经济产业低迷的时候，运动领域的业绩却丝毫不减，人们对运动产品的追求好像永无止境，可以说这是一片可以深度挖掘的蓝海。比如，在已发布的服装上市企业财报中，安踏、李宁、特步等体育用品企业基本上都实现了营收和净利润的大幅增长，而安踏更是成为首个跨入百亿俱乐部的运动品牌。当然，除了安踏之外，其他运动品牌甚至整个体育用品行业也都表现出了复苏上扬的现象，使得体育产品呈现出蓬勃发展的态势，炙手可热。

有分析数据显示，“跑步经济”极大地带动了中国运动品牌业绩的增长，尤其是在我国城镇化的发展进程中，人们对生活品质有了越来越高的要求，体育产业也引入了更多的市场化手段，使得人们对各种各样的体育用品和体育装备趋之若鹜。因此，有人就得出推论，说是这些体育用品和装备将成为传统服饰行业转型的主要方向之一。由此看来，人们对运动的美的热爱和推崇是极为强烈的。在追求这种运动美的过程中，各种各样的运动需求也就诞生了。对于市场经济来说，有对需求的渴望，就会有满足需求的产业出现，而体育产业无疑就是这样一种拥有极强生命力的朝阳产业，因为人们对运动的渴望和追求是永无止境的。运动是一种源于自然而永不枯竭、永不过时的美。

另外，这里的体育产业除了体育用品和装备外，还衍生出了各种各样针对具体身体锻炼而产生的运动健身器材，这也是人们为了塑造形体、完美身心、强健体魄而生发的一种对美的需求。随着城镇化的发展，越来越多的人开始由农村人口转向城镇人口，由原来的村镇个体居住变为集约型的小区居住，即使是小区内有一定数量的免费的健身器材，但是仍然不能满足人们的运动需求，毕竟相比于较少量的运动器材来说，小区住户的数量是十分惊人的，人们对运动美的需求也非常强烈。这时，一种由公共免费健身器材向私人健身用具转变就会在不知不觉中发生，人们为了满足自己的运动需要，达到健身、健美的目的，会自主地购买和消费一些家用健身器材，每天早晚或隔一段时间固定地进行锻炼，不需要排队等人，无须紧张和忙碌，从容自若甚至足不出户就能够进行健身。

尤其是人们工作紧张忙碌，越来越多的人没有太多的时间去专门的健身会所锻炼身体，家用健身器材的普及和推广就成为一块非常有市场的领域。当然，健身会所对那些财务自由、追求健美的人来说仍旧拥有巨大的吸引力，甚至有时运动健身成为他们生活的一部分。因此，运动器材产业对普罗大众来说，是一个很大的市场。小到一个握力器，大到一个跑步机，所有这些运动器材正在越来越多地进入普通家庭。

运动是成就美的重要方式和途径，而成就运动美的体育产业和运动器材则顺势成为经济市场中的一大赢家。能否在体育运动产业里分得一杯羹，将很有可能决定着一个投资者或商人能否在未来市场中占有主动。也正因为这样，众多具有前瞻性的人纷纷布局体育产业和运动领域的消费市场，这其中有体育服装、体育建筑、体育场地、体育器材、体育用品、体育运动等一系列体育产业链。

第三节　艺术是一种美

美的形式和实现途径总是千变万化、各具意趣的，但不管是怎样的美，都是人们的一种源自内心并与之相契合的主观感受，或者说，美是人们在长期深入观察、感受和体验生活的基础上而生发出来的一种自我观照。显然，在各种美的体现形式上，艺术无疑是十分具有表现力的。艺术凝结了艺术家的美的思想的旨趣，是艺术家按照一定的审美理想、观念和趣味，进行的抽象的概括、集中和提炼，并通过一定的物质材料和艺术表现形式，使其完美地呈现在人们面前。

实际上，“艺术”一词最早起源于古拉丁语，基本等同于希腊语中的“技艺”，是类似于木工、铁匠之类的技艺。也就是说，在早期的人类艺术成果中，“艺”和“技”是结合在一起的。更为深究一点的话，我们可以说，艺术源于原始劳动，艺术的美就是人们在劳动实践中发现并进行改造而表现出来的。也正是因为出现了艺术，人们的现实生活的种种便成为艺术美的不竭源泉，为艺术家提供了取之不尽、用之不竭的灵感和美的天堂。

因此，中国的古代艺术家向来强调“外师造化，中得心源”，也就是说艺术创造要成就美的感受和体验，就应该以大自然为师，再结合内心的感悟，这样才能创造出好的作品，传达一种震撼人心的力量。换言之，艺术是生活美的集中体现，是对生活实践强烈而典型的美与丑的反映。因此，艺术成就了一种艺术美，而这种艺术美就是在生活美的基础上进行的概括、加工和取舍、提炼。尤其是在这一艺术创作的过程中，艺术家还融入了自己的审美意趣和审美评价，使得艺术品具有现实和非现实的双重美感，非常耐人寻味而具有持久的生命力和审美价值。

比如，画家罗中立创作的《父亲》就是这样一幅艺术作品，一经问世就感动了很多人。而在创作这幅作品的时候，画家日日与农民待在一起，深入观察和体验农民生活，为他们画了大量的速写、素描，并加入了长久以来与农民朝夕相处后的感觉和体验，从而创作了这样一幅感人至深的油画作品《父亲》。在这幅作品中，我们看到了无数农民的优秀品质和生活形象，那开裂的嘴唇、满脸的皱纹以及手中粗劣的碗纹，使其成了农民形象中最具代表性的一个，也激起了广大观众的强烈共鸣，让人们一看到这幅作品就想到一个饱经沧桑却又永远对生活充满希望和期待，有着乐观精神和坚韧的奋斗力的普通老农民形象。这种平凡而伟大的美感就彰显了画家化“丑”为“美”的艺术表现力。

艺术具有一种撼人心魄的美。当然，艺术的美与不美在一定程度上也要取决于个人的眼光和品位，毕竟对于美的感知和体验很大程度上是一种主观感受。美丽的风景之所以美丽，是因为它能够愉悦人的心情，对人们的主观情感具有某种“有用性”，但是这种美对不同的人来说，其美的强度是有很大差别的。特别是当前快节奏的生活方式，使得人们常常在不经意间忽略大自然的美。所以，艺术的美与丑很大程度上还取决于欣赏者的状态和品位。

刘吉部长向赵春林颁发“中国长城创新人物”证书

同时，不同的艺术作品或类型给人的艺术美感也是不同的。艺术王国具有极大的包容性，有众多的类型和表现形式，比如文学艺术、绘画艺术、雕塑艺术、书法艺术、影像艺术等。这些不同形式和类型的艺术品使得艺术王国璀璨多姿，也给不同层次和意趣的人提供了多种不同的选择，让人们能够根据自己的需求和喜好来取舍。

但不管怎样，真正具有恒久生命力和表现力的艺术作品，大都能够赢得人们的认可和肯定。尤其是随着生活水平的提高，人们的审美水平和审美价值也不知不觉得到提升，人们对各种艺术类型和形式都给予了越来越多的关注，因为艺术品能够给人以精神上的陶冶和熏陶，能够在潜移默化中提升人的审美情趣，塑造人的身心，使整个人的格调和魅力都大大提升。也正因为这样，艺术品市场成为一个虽高端却越发普及的消费领域。这也引得人们纷纷进入艺术品市场，各种各样的艺术品收藏和消费等越发火爆。

不过，进入艺术品投资市场也需要有一定的门槛，不仅需要投资经营者要具备一定的美术修养和鉴赏知识，还要求经营者能够准确把握艺术品市场的潮流风向。要做到以上两点，都需要我们进行长期的积累，而一旦准备充足，就一定能够在未来的艺术品市场上开辟出一片新天地，给投资经营者带来巨大的回报。

另外，随着城镇化的发展和推进，都市生活的时尚设计元素也越来越多地走进普通家庭和消费群体，人们越来越重视生活品质和格调，在进行消费的时候也把文化消费、艺术消费纳入消费升级的重要组成部分中来。所以，艺术品市场不仅从大的方面有艺术品的投资、收藏、拍卖等活动，从小的方面来说还有更加贴近人们生活实际的艺术品消费。这些艺术品消费没有太高的门槛，注重设计灵感和艺术品位，更加贴合人们的实际需求，市场潜力与消费群体相比艺术品投资消费来说也更大。如果我们能够把握住这个消费市场，进行深度挖掘和开发，就必然能够生发出一种朝阳产业，毕竟艺术品消费是经济发展到一定阶段的必然产物，在未来的经济市场中，不管是艺术品的收藏投资、日常艺术消费品的使用，还是艺术品的鉴定和估值等，都可能成为一种新的市场细分领域，为投资者提供一个极具诱惑力的机遇。当然，要实现这一点，就需要艺术产业投资者能够不断挖掘、引导和激发客户对艺术品的潜在消费需求，并注重对消费者艺术鉴赏力的启蒙和教育。

第四节 人间真善是一种美

美源于自然，大自然的美是一切美的源泉和基础。不管是运动美、自然美，抑或其他的美的形式或类型，其实都是以自然为基础的。而自然之美最大的一个特点就是真实、自然，所谓“天地有大美而不言，四时有明法而不议，万物有成理而不说”，简单地说就是，天地的大美、四时的序列、万物的枯荣都是自然所致，美丽动人得无法用言语来表达。看来，美的真谛即是真，正是由于真的存在，使得自然之美具有一种普适性，在自然之美面前，无论什么人都能够受到其感染和影响。

真实的美存在于人们的一言一行、一举一动之中，这种真实的美具有天然、朴实的特点，没有烦琐复杂的装饰，没有浓妆艳抹的妖艳，呈现的是一

种清新简单大方之美。毕竟，这种真实是源自内心本能的真实，没有虚伪造作，没有伪装雕琢，是一种孕育着伟大的平凡，一种自然的流露。也正是因为这种真实和质朴，而非虚假和做作，才使其展现出人性最美的一面。也正是这份真实，让无数人为之倾倒、感动，而且这种美是那种外表光鲜的美无法比拟的。

正如感动中国的人物中，他们的感人事迹无不透露出一个“真”字，就是这些人物内心真实、行为举止流露出一种赤子之心才成就了一段段佳话，留下一个又一个感人至深的故事。相反，如果这些感动中国人物身上缺乏真实、真心，待人接物有太多的虚伪和功利，那么这些可歌可泣的事迹也就不可能发生。所以，这些真是促成感动中国的最美的原始驱动力。与之类似的还有各行各业的最美人物，我们都能发现他们有一个共同的特点，那就是都能够真心实意地对待自己的职业，服务自己的客户，在自己的职位上尽自己的能力做到最好。

不过，随着人们对大自然认识的加深，真的含义和范畴也不断拓宽加深，美不仅仅在局限于绝对自然的真实，而是更多地演变成了一种实际的真实，而实际的真实其实很大程度上在于它的实用性和便利性，而不考究它所营造出来的美到底是真是假。也正因为这样，在我们的生活实践中，看起

来美的不一定就是绝对的真实，而绝对的真实无斧凿痕迹的也并不一定就是美的。所以，目前人们对真的理解除了真实质朴外，还倾向于知识和理性。具有知识和理性的真实才能完美地体现真，才能够塑造真正的耐人寻味的美。

当然，美的含义与韵味除了真之外，还有善。若是我们把真当作美的前奏和基础，那么善就是在真的基础上生发出来的美的伦理范畴。善也就是善良，积极地表现出好的、与人为善的方面，这是一种伦理道德，没有善念和善心是不可能成就美的。真是初衷，善是起点，在真与善的推动下，感动人心的美也就呈现在人们面前了。甚至可以说，善比真更重要，因为有真不一定有美，而要成就美却不能少了善。

正如德国哲学家康德说的那样，“一个人可以没有知识，但不能没有道德”，人之所以为人，就是因为人有道德，而美是一种纯粹主观的概念，美的标准因人而异。但我想，美应该是更高的层次，一个人只有拥有真与善，他才可能被称作美。什么最美？无私奉献最美，助人为乐最美，只要每一个人用真、用善、用美去表达对世界的爱，对生命的爱，我相信世界将会更加美丽，生活将会更加绚烂多彩。

人间真和善是现实生活美的源泉，是塑造和引领美的驱动力。而在未来的经济产业布局中，人们也要注重对真善美的倾注和投入，不管是从投资布局的切入点，还是经营服务的理念和诉求，都要力求着眼于真善美。或许有人认为，真善美与经济产业相去甚远，它们之间没有什么联系，甚至根本不能放在一块讨论，可实际上人们推崇的、追求的、赞美的，在具有投资眼光的人那里都能够转化为一种经济热点。比如，人们对于真实的美的诉求，经营者在确立投资思路和经营理念的时候，就需要注重品质和质量，体现人文关怀，守住信誉和口碑，在具体营销的过程中，也需要树立真善美的榜样和表率，从而打造出具有长久生命力的朝阳品牌。

如今的经济竞争压力越来越大，要想在日益激烈的竞争环境中赢得一席之地，或是赢得主动，占领更大的市场，就需要能够切实把握好人们的需要和诉求，并以此为着力点，激发、引导、满足人们的这一需求。毕竟，随着物质生活的极大丰富，人们在消费中对购买物实用性的要求越来越弱，因为使用功能已经足够达标，几乎同类产品都能够很好地实现这一点，而要与大多数产品拉开差距，就需要注重人们对真善美的根本诉求。

第五节　和谐发展是一种美

发展是人类社会永恒的主题。人类社会就是一个不断发展的过程，正是在不断的发展过程中，人们的物质生活和精神生活才得到极大的丰富和满足。不过，发展涉及一个十分关键的问题，那就是如何发展，发展的模式与类型将直接关系能否实现最终的发展目标，将直接影响人们在发展过程中的切身感受。而且，发展涉及到方方面面的内容，发展得当与否将直接影响人们对美和丑的体验和感觉。

比如之前粗放、自由、漫无目的的发展方式就是一种不合理的发展方式，在这样的发展方式下，人与人之间关系紧张、人与社会之间的关系恶化、人与自然关系严峻，可以说人们对经济的发展很大程度上是一种破坏式的，为了提高经济的发展速度常常以牺牲环境和人文关怀为代价，为了追求经济指标而忽视对人与人、人与自然、人与社会之间关系的维护和发展。显然，这样发展下去是十分危险的，这种功利主义和过快的增长方式也必然要付出极大的代价。

尤其是对环境生态的影响，粗放式的发展会产生极大的甚至难以挽回的破坏力。这种粗放式经济只注重发展的速度，而忽视对环境生态的保护，对资源的开发也没有沿着可持续发展的观念，而是一味地追求产能，由此对生态环境和资源储备造成了极大的破坏，而且这一破坏性的影响具有持续时间长、影响范围广、污染程度重等特点。虽然经济发展速度提升上去了，但是发展的水平和质量却非常低，发展起来后对环境生态的治理也要花费大量的人力、物力、财力。实际上，这是西方发达国家大都已经经历过的一个过程，也是很多发展中国家正在采取的发展路径。

但不管怎样，这种粗放式的经济发展方式都是要不得的，它带来的破坏性是极大的，往往得不偿失，因为对环境生态的治理和保护需要长时间的极大的投入。而且，在这种粗放式的经济发展模式下，发展所涉及的方方面面都会存在很多遗留问题，其中十分突出的一点就是人与人、人与社会、人与自然的关系日渐紧张，发展过程中会涌现越来越多的脏、乱、差，严重影响人们对于自然美、生活美的体验和感受。

相应地，发展要采取和谐良性的方式，不能一味地强调速度，更要注重发展的质量和整体效益，致力于在发展的过程中处理好涉及到的各种各样的关系，解决方方面面的问题，力求发展和各种突出问题一同解决，而不是先发展再把发展中的问题集中累积起来，等到发展起来了再进行处理。如此，人与人之间关系亲善、相亲相爱，人与自然之间和谐共生、持续发展，人与社会之间和谐安定、民主法治，那么社会经济的发展将呈现出一派其乐融融的景象，生活在其中的人们会感到无比幸福，置身于其中的企业能够长期稳定发展。所以，我们不得不说，和谐是一种美，是一种整体从外部环境到个人身心都能感受到的美。

正如冰心老人说的那样："美的真谛应该是和谐。这种和谐体现在人身上，就造就了人的美；表现在物上，就造就了物的美；融汇在环境中，就造就了环境的美。"由此看来，和谐是社会洋溢着美感的主旋律的重要决定因素。只有人与人之间和谐共处，没有了不当的竞争和排挤，就不会有那么多的纷争和纠葛；只有人与社会之间和谐共荣，没有对社会的怨愤和抵制，人就能够在社会中得到极大的发展，使身心提升到一个崭新的层次；只有人与自然和谐相处，我们赖以生存的家园才能够保有一个良好的环境。否则，所有的美感将消失殆尽、荡然无存。

因此，和谐社会是社会经济发展的应有之义，不管是置身其中的个人还是集体，要想享有持续发展的成果，生活在一个美的环境中，就必须注重科学可持续的发展。为此，我国顺应发展趋势，提出了构建和谐社会的伟大目标，要在经济建设的基础上不断满足人民日益增长的美好生活需求，要妥善解决好各方面利益关系，要确保人民安居乐业，经济持续快速协调健康发展。而总结起来，和谐社会就是要建立起民主法治、公平正义、诚信友爱、充满活力、安定有序、人与自然和谐相处的社会主义和谐社会。

而这一和谐发展的美体现在经济发展的趋势上，就要求经营投资者能够转变投资经营思路，把今后的重点放在能够缓和人际关系，塑造人与自然、人与社会的良好关系上来。换句话说，也就是要积极发展绿色产业、环保产业，大力发展生态经济，那些高污染、高消耗的产业则需要逐步退出市场，只有改换成一种新的有益于环境和生态的生产方式才能得到推广，在未来日益激烈的市场竞争中争取主动、占得先机。

我们应当积极布局这些旨在塑造和谐美、能促进和谐社会发展的产业，只有顺应社会发展的趋势，选择正确的市场发展方向，才能在经济发展中成为具有持久生命力的朝阳产业。除了我们上面提到的绿色环保型产业，以及与之相关的各个细分领域，像环保器材、环保用品和清洁工具等，还要着眼于农村生态市场，着眼于对变废为宝的循环经济发展模式等产业的探索，如此把和谐美作为一个经济热点来发展，就会取得意想不到的绝佳效果。

第六节　创新创造是一种美

美在我们的生活中其实无处不在、无时不在，只是有时候它以直接的形式呈现在我们面前，有时却以隐晦或不易被人发现的形式存在。对于那些显而易见的美，我们能够非常直观地感受到，像路边的风景、飘扬的雪花等。但是有些却需要我们拥有一点创新创造的能力，去发觉美、创造美、引领美，否则，美就会在不知不觉中与我们擦肩而过。

法国雕塑艺术家罗丹曾说：“生活中并不缺少美，而是缺少发现美的眼睛。”生活中处处都存在着美，只不过这些美的形式有细微的差别，就看我们是否能够把身边的美挖掘出来。比如，家里井然有序、窗明几净，各种家具摆放错落有致，是一种整洁的美；端庄秀丽、静谧可人，是一种沉静的美；落落大方、清新自然，是一种质朴自然的美；洒脱超然、平静温和，是一种闲适的美；等等。诸如此类的美数不胜数，在不同的场景、不同的时间，对不同的审美对象来说，都会呈现出不同的美。况且，美的感觉存在于心中，很多时候是无法能用恰当的文字表达出来的，这种感觉甚至有时只是一闪而过的感觉，根本无法捕捉。所以，置身于美景之中，要感受到美则需要我们用心去体验、去感受、去欣赏。也正因为这样，对美的欣赏和感知，需要我们拥有一双善于发现美的眼睛。相反，若是没有一双慧眼，即使周边景色再美，身边有再多美的事物，我们也不会有任何感觉。或许，这也是为什么越来越多的人感觉生活枯燥乏味，没有乐趣，人也变得越来越麻木，没有激情。

当然，对于美的发现来说，创新和创造更是成就美的源泉和动力。美虽然无处无时不在，但也并不是赤裸裸地呈现在人们面前，人们除了要有一双慧眼外，还需要懂得从生活和周边的事物中去创新、创造属于自己的美，所谓美在于创造即是如此。最初生活中已然存在的美，很大程度上是自然美、社会美，而随着人们生活水平的提高，人们对于美的需求也越来越多样化，衣食住行各方面都有了美的要求。而为了满足人们这一需求，就需要我们在生活以及工作中发挥主观能动性，能够用智慧和经验对身边的一些细节进行改造创新，从而使本来无用的东西变得有用，本来缺乏美感的东西能够给人以良好的审美体验。

赵春林和中国决策科学院副院长李新政教授出席大连诺贝尔经济论坛

也正是这种对美的创新和创造，人们才没有止步于实用性的需求。人们在消费的时候，不仅要求购买的东西能够胜任实际的使用要求，达到自己的购买功利性的目的，又要能够体现出更高层次的美感，给人以良好的审美体验和审美评价。所以，如今人们的消费不再单单是纯粹实用性的消费，而变成小成了一种审美性的、便利性的、具有人文关怀的消费。为此，创新创造是必然的，没有创新创造，生活就会变成一潭死水，变得单调而枯燥、机械而按部就班。长此以往，人们就会很难发现生活的美，对生活和未来也就没有了希望和奔头。

把这种创新创造的美应用在市场经济领域，也同样具有极大的借鉴意义，毕竟满足消费者的需求是市场得以发展的关键。谁能够把握住消费者的需求，并通过一系列的创新创造来满足和引导，谁就能在激烈的市场竞争中赢得先机，争取主动，获得更大的市场份额。反之，就会被市场淘汰出局。以传统的家具家居行业来说，随着科技水平的发展，人们需求的多样化和对美的要求的提升，智能家居的概念越来越受到人们的追捧。相比较普通家居来说，智能家居有着极大的优势。所谓智能家居，就是指以住宅为平台，利用综合布线技术、网络通信技术、安全防范技术、自动控制技术、音视频技术等将家居生活有关的设施集成，构建高效的住宅设施与家庭日程事务管理系统，从而提升家居的安全性、便利性、舒适性、艺术性。可见，智能家居比一般的居家生活更具美感，也正是这份美感和便利，使得人们对智能家居推崇备至。

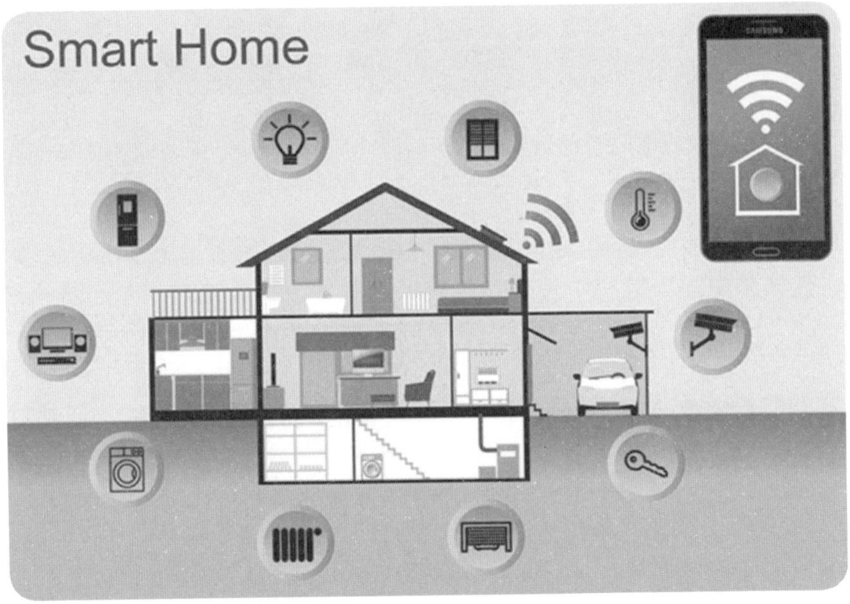

比如海尔向消费者展示的智慧家庭解决方案时，就实现了智能设备的主动服务，用户可以通过手机、电脑、电视等管理家中的各种电器，像空气管家可以自动检测空气质量，水管家则能够层层过滤水中的有害物质，若是忘记关燃气阀，智能家居也会自动开启吸油烟机同时关闭阀门。同时，在联网之后，家中的电器甚至不需要主人发出任何指令，就能够根据预先设定的程序主动发出提醒，为人们提供最体贴便捷的服务，让人们不必动手操作就能够享受完美的居家生活。

当然，在未来智能家居会变得更加智能，涉及的会更多，服务的周到程度也会更强，而要实现这一切都需要经营者能够保持创新创造的能力，以契合人们不断增长的美的需求。事实上，能够做到这些，满足人们日益增长的对美的各种需求，经营者也必然能够在未来的市场竞争中赢得属于自己的位置。所以，创新创造也是一种美，是一种满足人美感需求的市场竞争力。也正因为如此，对于一家企业或公司来说，创新创造都是赢得主动的必备武器。有道是企业的成长之美在于创新，不仅仅是智能家居领域，主打其他类型产品的企业，也需要把创新创造作为维持自身竞争力的强大武器。

对于成长型企业来说，创新创造更是企业发展的源动力和生命线。作为企业竞争者来说，我们要做的就是能够时刻关注消费者的需求和体验，做足细节，强调品牌的塑造，如此才能为创新创造注入源头活水，才能够在日益激烈的市场竞争中立于不败之地。比如，企业要引进新人才和新技术，不断采用新材料，为满足消费者的需求而不断提供创新产品，这样创新的价值就会转化为品牌的美誉度和用户的信任度，为企业的长足发展奠定扎实的根基。相反，裹足不前、故步自封，必然会被消费者忽略或遗忘。

第二章 美是一种需求

美是人们对事物的审美观念和价值判断，更是一种深植于人们内心的需求。也正是有了人们对美的需求，美才会顺理成章地成为人们的审美对象，并且把美的观念和评价应用到方方面面的事物之上，使得美有了更加丰富的内涵，也更加耐人寻味。尤其是人们对健康的需求、对绿色环保的需求、对称心服饰的需求、对身心愉悦的需求、对万物审美的需求等，都是人们对美的追求的具体体现。从人们对这些美的追求上，我们也更能体察出美是人们的一种切实需求，是真正深植于人们内心的要求和期待，是人们主动追求和探索的结果。

第一节　美是对健康的需求

美是人们一种较高层次的心理需求，是在满足基本的物质生活基础上生发出来的。不过，美的基础和核心力量便是对自身的关注。只有在保证自身健康发展的基础上，才能进行各种美的追求。可以说，健康是一种最基本的美，没有了健康的身体，所有其他的美都会变得没有意义，所有的对美的追求到头来终究会成为一场空。所以，美首先是对健康的需求，健康美是我们追求美的起点，更是基点。

赵春林拜访演讲家彭清一老师并请教演讲艺术

尤其是随着思想认知的加深，在物质生活得到极大满足之后，人们对自身的健康越来越重视，养生日渐成为一种大众性的问题，人们从小到大谈论得最多的恐怕就是健康问题了。在小的时候，要时刻预防疾病的侵袭，力争有一个健康的身体；长大工作之后，在激烈的职场竞争中，在工作之余要保护好自己的身体健康，避免被繁重的工作和生活琐事拖垮；到了老年，身体各方面机能都大大减退，各种各样的疾病也都会不知不觉地找上门来，这时最重要的工作就是日常养生，维护好身体健康，使得自己在老年拥有一个健康的体魄，做一些自己想干的事情。

可见，健康是伴随着我们一生的大问题，不管是嗷嗷待哺的婴儿，还是垂垂老矣的长者，健康都是未来一切可能的根本保障和前提。没有了健康，所有的一切都会成为空谈，在疾病的折磨下，我们也很难以最佳的精神状态来看待周围的一切、做一些令自己心旷神怡的事。如此一来，我们的审美体验和审美评价自然也会受到影响，美的感受和知觉就会减弱很多。或许大多数人会有这样的体验，那就是在生病的时候往往会想，若是能够让自己恢复健康该是多么美好的一件事，这时健康对于我们来说比平时要重要得多，因为在平时我们大都会对健康问题视为不见，直到健康出现了问题才意识到健康的珍贵。所以，健康美是每个人都渴求的美，是伴随人一生的问题。

赵春林考察中央老干部养生基地

然而，要想完成对健康美的追求却也不是一件容易的事，它需要我们自主地进行方方面面的配合和注意。首先，就饮食来说，人们对饮食的要求不再是能够吃饱，更要能够吃好。所谓吃好，首要一点就是要吃得健康，不会对身体造成或明显或潜在的威胁，这是对健康造成影响的重要方面。人们对健康饮食的问题也越发重视和关注，尤其是近些年来，频频曝出人们面临的健康饮食危机，各种潜在的饮食风险日渐加大。一方面，人们不良的饮食习惯会对健康造成威胁；另一方面，食品来源的健康问题实在堪忧。所以健康饮食成为人们越来越强调和关注的重点，由此也引发了一系列健康饮食新理念，众多主打健康的餐饮店，比如健康养生主题餐饮如雨后春笋般崛起，还有各种提倡“舌尖上的健康”的药膳等也逐渐成为人们热捧的对象。当然，如何成为消费者认可的健康饮食餐饮店，就需要经营者花费一番心思了。

其次，随着人们对自身身体健康的重视，人们对保健品、营养品的摄入也日渐增多。这与人们之前对保健品、营养品退避三舍的态度截然不同。以前，人们对保健品的认识不足，对健康的营养需求认识不足，对自身的健康还不够重视，以至于很多人对保健品怀有抵触情绪，对各种各样的营养品也视而不见。可如今人们对保健品和营养品的认识已经大为改观，有越来越多的人专注于保健品和营养品的消费，以便自己能够拥有健康的体魄、靓丽的容颜、抖擞的精神。因此，随着经济的发展，人们对健康日益重视，未来保健品和各种营养品或营养食品都将拥有巨大的市场潜力，谁能够抓住这一机遇，抢占先机，布局这一领域，谁就能够在未来的市场竞争中拥有更多的话语权。

另外，同保健品和各类营养品类似的是，随着人们对养生的注重，各种疗养会所和疗养器材也会日渐走入寻常百姓家，成为越来越多人的日常消费。和以前人们经常出入酒吧不同的是，越来越多的人开始走进各种各样的健身会所，使用各种各样的健身器材和设施，把身体健康放在越来越重要的位置，因为已经有越来越多的人意识到身体是革命的本钱，最有价值也最为实用的投资便是对自身健康的投资。只有拥有健康，为之奋斗的一切才有意义，也才能肩负起自己应该承担的责任。由此，在未来的经济产业布局中，各种形式的疗养会所以及保健园等将会是一大消费热点。

还有，人们对化妆品的追求也逐渐趋于理性，在注重美化的塑造时也越发注重对自身健康的保护，避免因为过度使用化妆品或使用不当的化妆品危害健康。如今虽说有越来越多的人对自身容貌美的追求持续走高，尤其是爱美的女士几乎每天都要使用各种各样的化妆品、护肤品，会定期进行美容保健，到美容院进行护理，可是目前化妆品市场也是鱼龙混杂，其中不乏劣质产品，对人体的伤害是极大的。比如有些人在使用了一些劣质的化妆品或长期浓妆艳抹后，面部出现各种各样的炎症，甚至在后期如何修复和保养都无力回天，正如各地媒体报道的，“莫让美容变成毁容”“十年毁了20万张脸”“美容美出汞中毒”等，都足以让我们警醒。

也正因为这样，人们对健康的化妆品、护肤品等的需求是十分迫切和强烈的。所以，草本性、植物性的化妆品备受人们推崇。当然，人们也正在积极探索一种更加亲肤、无害、有益健康的化妆品和保养方式。所以，在未来的市场经济中，主打健康美的产品和服务将发展成为十分具有竞争力的朝阳产业。

第二节　美是对绿色的需求

绿色的含义丰富而美好。花草飘香，风清气爽，这是环境的绿色；关爱他人，助人为乐，这是社会的绿色：迎难而上，勇于进取，这是生命的绿色。地球上如果没有绿色，人类社会的文明都将无从谈起。春意盎然，满眼翠绿，总是能够让人眼前一亮，给人赏心悦目之感，使人沉郁的心情一下子变得开朗舒坦起来。

环境是我们赖以生存的家园，它提供给人类生存发展的必备资源和各种生存条件，环境优劣与否与我们每一个人的生活及生存息息相关，环境污染不仅会威胁到人们的生命健康安全，还会在很大程度上制约社会经济的可持续发展，给我们的现在和将来造成极大破坏。所以，随着社会的进步、人们环境保护意识的提高，生态环境保护也日渐提上议程，并采取各种措施付诸实践，遏制生态恶化的趋势，减轻环境污染，改善人们的生态生活环境，为人们提供一个健康的、良好的、大而美的宜居地。

环保意识是一个公民综合素质的体现，对环境的保护和良好生存环境的营造是每一个人义不容辞的责任。人们在日益严峻的环境形势下，对绿色环境的渴求都非常强烈。尤其是饱受环境污染之害的人更是迫切希望环境能够得到改善，春意盎然的绿色能够围绕在自己身边。毕竟，绿色是一种让人沉静舒畅的颜色，绿色的修饰能够让我们感受到自然之美，享受到绿色带给人们的新鲜空气和氛围。想必大家都会有这样的体会，在辛苦工作了一周或是一段时间后，趁着周末或是假期到大自然的怀抱中去踏青，游览生态园林、绿植公园的时候，总能心旷神怡，卸下所有的包袱轻轻松松地享受生活的美好和自然。

长久生活在都市中的人，一有时间自然就会想到要去郊外游览玩耍一番，以远离钢筋水泥的框架结构，走到绿地上看看青草，闻闻花香，因为在紧张忙碌的都市生活中，人们对绿色十分的渴求，对良好的生态宜居环境十分神往。然而，实际的情况却是，人们又不得不长时间地生活在高楼林立、绿色缺少的都市中，竞争压力大、环境污染重、生存条件差。为此，也有越来越多的人对绿植环保产业青睐有加，常常会尽其所能地在自己的家里或是工作场所安排一些绿植盆景或是各种各样的花卉，给自己的生活多一点绿色，让自己在紧张忙碌之外，能够足不出户便享受到绿意的恩赐和大自然的气息，体察到生活的美。

绿色生态无污染也日益深入人心，成为人们生活起居、饮食消费的首要之选，因为环境污染情况确实太严峻了，生活在都市或是都市周边的郊区乡村都备受其扰，人们在这样的环境中，有着强烈的对绿色环保的需求。我们常常在旅游玩赏的时候，希望能够在这山清水秀、绿意盎然的环境中定居下来，时时欣赏享受，但现实的生活却不允许我们这样做，对绿色环保的渴求最终成为深埋在心中的一种理想目标。所谓有所需求也就必然会有所满足，这在营销市场中是必然的发展结果。在人们纷纷对绿色之美表现出强烈渴求的同时，经济布局者也把投资的重点放在了绿色家居的营造之上。

从小的方面来讲，为了居家所提供的绿植、花卉以及各种式样的盆景，越来越成为家庭日常生活的标配，尤其是在小区楼房中，绿植盆栽是每个家庭的必备之选。有的人在选择绿植盆栽的时候甚至不惜投入大量的资金，精心挑选，以便在家里的时候获得一种赏心悦目的绿色环境。由此，各种各样的绿植盆栽在城镇化的推进过程中已经形成一个极大的市场。

赵春林拜访徐平将军并向其请教军事管理思想

从大一点的方面来说，绿色环保产业得到很大发展，越来越多的经营者把产业定位在绿色、生态、无污染、无添加的绿色生态农业上。所谓绿色农业，就是指充分运用先进科学技术、先进生产装备和先进的管理理念，以促进农产品安全、生态安全、资源安全和提高农业综合经济效益的协调统一为目标，以倡导农产品标准化为手段，生产出优质放心的好产品，推动人类社会和经济全面、协调、可持续发展。由此，不少地方都在大力推广和发展绿色生态乡镇以及特色农业。如果我们能够抓住机遇，找准机会，有合适的切入点，那么必然能够在未来的市场竞争中立于不败之地。

绿色理念也贯穿在方方面面的经济领域之中，比如绿色的消费观念、绿色生活、绿色旅游、绿色出行、绿色建材、节能减排、环保家居、生态园建设等方面。经营布局者在未来的市场竞争中，就要懂得满足人们对绿色环保的渴求，善于用绿色环保做文章，投入那些低污染或是无污染的绿色产业。唯有如此，作为企业才能够使绿色永续发展，在满足人们对美好生活需求的同时，实现自身的强大竞争力。尤其是在如今城镇化和城市化的推进过程中，谁能够抓住机遇，谁就能够率先占据有利位置，实现跨越式发展。相反，如果固守传统的经济产业和发展方向，不求改变，不懂得顺应经济发展趋势，罔顾广大消费者的消费需求，那么企业的生存空间就会越来越狭窄，直至走上绝路。

第三节　美是对称心服饰的需求

有道是“人靠衣装马靠鞍”，一件好的服装不仅能够让人穿起来舒适，还能够彰显一个人的性格和品位，提升整体美感，让人赏心悦目。好的服饰具有不知不觉影响人、塑造人的功效，一件称心的服饰首先能够满足身体的需求，而服饰的称心亮丽也能够增强人的自信，给他人带来愉悦的美感，从而提升一个人的气质，满足人爱美的需求。

事实上，这也正是服饰对人的装点作用。随着人们生活水平的提高，物质生活得到了极大丰富，人们对服饰的要求也越来越高，不再只是强调服饰的实用效果——用于取暖、消暑和遮羞，而更多的是在强调服饰的美感，看服装能否彰显自己最完美的一面，让自己的品位、气质、魅力得到完美地展现。由此，服饰更多是一种装饰作用，表现在服饰的美观性，满足人们精神上美的享受。因而人们在挑选服饰的时候，大都会十分精心细致地挑选服饰的品牌、款式、质地、色彩、花纹图案、形态保持性、弹性、防皱性等方面。

而服装也确实是人们的心灵与外界进行对话交流的重要形式。人们为了追求美感和个性，穿着不同特点的服装，佩戴不同特色的挂饰，而这些服装和挂饰也以自己与众不同的设计语言，在润色、装饰着人们的生活，时时刻刻诉说着穿着、佩戴者的性格特点和气质面貌。这就是服饰自诞生以来就衍生出的两大属性，一是实用价值，一是装饰意味。如今，人们越发注重服饰的装饰作用，毕竟从实用价值方面来说已没有太大的区别，市场上有太多太多的选择可以满足。但是，要让服饰突出装饰性，挑选出自己称心如意的服饰则需要好好考量一番了。

在不同的服饰装扮中，我们会给人不同的感觉，整个人的精神状态也会有一定的差异，形成的整体美感也会有不小的差别。比如，我们穿着一件大红色的运动服，则能够表现出我们洒脱张扬偏好运动休闲的特点，精神面貌也是具有昂扬斗志和运动气息的；相反，如果我们穿着一身西装革履，正襟危坐，那么就是另外一种美感，给人以正式、庄重、沉稳之感。所以，服饰是一种无声的语言，一种强烈的、可视的交流语言，通过一个人的服饰特点，我们就能够大致推测出其社会地位、经济地位、性别角色偏向、政治倾向、民族归属、生活方式、审美情趣等方方面面的信息。也就是说，不同的服饰代表着不同类别的人，以及想要由此达到的目的和诉求。

在不同的场合、不同的时间穿着不同的服装，也是一种礼节性的要求，这是人们在长期的人际交往过程中形成的约定俗成的习惯或规定。穿着合乎礼仪的服装，就表示自己的重视和对他人的尊重，反之，则是无礼及缺乏修养的表现。当然，合乎礼仪的服饰，在彰显礼节的同时，也能够因人而异地自由发挥。对于女士来说，适宜的服装能够彰显她的气质、品位、魅力和身材等方面，把她的美淋漓尽致地以一种无声的语言传递给周围的人；对于男士来说，适宜的服装则能够在一定程度上显示他的性格、身份、地位、格调和气场等方面，把他或阳刚或亲善或柔和的一面在无形中流露出来。这也就是为什么同一个人穿不同的服装会有全然不同的效果。

人们对服饰之间的搭配也十分注重，合理的搭配、精心的挑选更能够把服饰的装饰作用发挥到极致，从而使一个人的美更好地表现出来。所以，人们对美的追求最直接的体现就是在服饰上。服饰的美能够很好地让我们扬长避短，帮助我们在生活以及人际交往中更好地展现完美的一面。而我们在不同场合、不同情境下也能够根据需要来选择不同的服装服饰搭配，这样处理起事情来也能够起到事半功倍的效果。

鉴于人们对服饰美的需求持续强烈且永不衰减，衣食住行又是每个人不可缺少的生活基础，未来的朝阳产业必然少不了服装行业。不过，服装行业也可以细分为很多不同的环节，包括服装设计、服装加工、服装销售等。而要想在服装行业这个朝阳产业中寻求最佳的赢利点，就需要切实清楚消费者对服装的需求，对消费者美和时尚的追逐方向有准确的把握，因为随着人们对服饰美的要求和需要，普通的毫无特点和个性的服饰是没有多大市场潜力的。如今缺乏特色的服装行业早已泛滥成灾，不少服装经营者在激烈的竞争中被淘汰出局。

如今人们越来越追求舒适、亮丽、潮流、个性和特点，时髦消费、时尚消费、个性消费才是服装消费的重要布局点。和其他消费品不同，服饰消费是一个介乎理性和感性之间的，不仅要有内在优质的质量保障、强大的时尚品牌，还需要其提供的服饰有一定的个性化特点，能够为消费者提供多种不同的选择，能够满足不同性别、不同年龄的消费需求。尤其是在这个崇尚时尚和自我的年代，人们常常通过服饰的装扮来表现自己，所以，个性化的服装设计或量身定制显然是一个十分有前景和市场的细分领域，值得服装经营者深挖。相应地，做服装加工和销售环节则要逊色一些。

另外，服装品牌化、时装化、高档化也是将来服装行业的发展趋势。只有在注重服装整体趋势的同时，形成自己的品牌、保有自己的特色、保持较低的竞争成本、保证优质的产品质量、提供人性的高水平服务，未来的服装行业必将能够开辟出一片崭新的天地，消费者的消费体验也会大大改观。不论什么年龄、性别、地位、层次的消费者都能够找到自己心仪的美感。正因为如此，人们常把服装业称为“永不衰落的产业”。

第四节　美，是愉悦心情的需求

美是一种精神的感觉和享受，对美的感知首先是为了满足人们愉悦心情的需求，所谓“哀莫大于心死，心病还需心药医”，人生的幸福和美好其实最主要的影响因素就是心情。心情愉悦了，自然对周围的事物都能够以良好的心态去看待和处理，幸福美好的生活自然常伴左右。相反，如果我们每天都被琐事困扰，心情糟糕，时时感到痛苦、烦恼、紧张、忙碌，各种怨愤和不平就会日渐涌上心头，即使身边有再美好的事物，于我们而言，也没有任何助益，依然无法感觉和体察到美好。

其实，人的心灵就像一个能够容纳万物的容器，每天都需要往里面装入很多很多的东西，其中有好的，也有坏的；有令人舒畅的，也有令人纠结的，这个时候我们的心情就会因为各种不同的事情而变得起伏波动，时而高兴，时而悲伤，时而激愤。也正因为这样，人们的心情很容易受到外界事物

的影响。不过，真正有智慧的人是能够对自我心理进行调节的，他们懂得时刻保持愉快舒畅的心情，即使是在遭遇不快时也能够积极排遣，或采取恰当的方式来消解心中的忧愁烦闷。在他们的眼中，每一天都是美好的，他们始终会用最美的心情去过最好的日子。

可是，现实生活的压力也确实很大，尤其是随着竞争环境的日益严峻，工作节奏的加快，生活责任的日益繁重，人们每天都要面对各种各样的考验和挑战，承受各种各样的来自方方面面的身心压力，以至于常常感到身心疲惫，有太多的烦恼和忧愁无处排遣，从而心理郁结，常常被灰色的阴霾笼罩。在这样的心理状态下，人们整日为了生活和事业忙碌奔波，没有闲暇，神经每时每刻都紧绷着，是很难体察到生活的美丽和精彩的，他们每天都在紧张地“赶路”，没有时间来体味生活的美好，也没有时间去欣赏路上的美景。

人们无时无刻不处在不堪重负的心理压力之下，不管是事业、家庭、人际关系，还是情感、生活等方面，都在悄无声息却又不可忽视地扮演着一个“无声杀手”的角色，给身心带来极大的杀伤力。也正因为这样，伴随着年龄的增长，有越来越多的人在情绪方面非但变得越发沉稳，反而更加易暴、易怒、忧虑、紧张、冷漠、麻木、焦虑不安甚至崩溃，而在生活中也常常失眠多梦，注意力难以集中，表达能力、记忆力和判断力都在下降，对自己和周围的环境也总是抱有消极的态度，办事拖延，嗜吃或厌食，有的甚至因此而免疫力降低、消化系统出现问题，时有恶心或呕吐症状，整个人都处在一个极度亚健康的状态，久而久之，心理压力达到一定限度，身体健康就会遭到损害，出现各种各样的疾病。据医学研究发现，很多的癌症和猝死都与人们压力过大、心情过于沉郁有着极为密切的关系。长期处在压力过大的环境及状态下，不仅无法体察和感受到生活的美，还会严重影响人们的生活质量和寿命长短。显然，调节心情已经刻不容缓、迫在眉睫，人们对美的追求首要的也是最终极的目标就应该是要保持愉悦的心情，让心理情绪调整到一个最佳的状态。只有这样，才能够以最好的状态迎接生活的阴晴风雨，活出精彩，活得自在。

而人们日益严峻的心理状况，人们对心情愉悦的美的追求和渴望，也催生了有关心情调节的相关产业。比如，为了调养身心，我们平时应该多听一些舒缓的音乐，让优美的乐曲来化解精神的疲惫，尤其是轻快舒畅的音乐能够让精神紧张和压力过大的人得到适当的放松，并给人以美的熏陶和享受。尽量抽出一些时间做一些自己想做的事，培养自己的一到两项兴趣爱好，特别是书法、绘画等这些可以修身养性的东西。如今除了有针对小孩的兴趣培训班外，针对成人的兴趣培训班也日渐兴起。可以说，这是一块很大的市场，它所起到的作用正好能够解决当前以及未来成年人压力过大的问题，有调节心情、充实生活的奇效。

为了调养身心，保持心情愉悦，心理咨询也越来越被更多的人接受和认可，成为现代都市人缓解压力、保持心情愉悦的一种重要方式和途径。而所谓心理咨询，也就是指采用一些相对便捷和专业的方式，与当事人一起去探索其心灵，感受真我，发现谜底，获得成长、成功的力量。简单地说，就是运用心理学的方法，对心理适应方面出现问题并企求解决问题的人提供心理援助的过程。在这个过程中，它可以通过给人们宣泄压抑情绪的机会，帮人们辨别自己问题的性质并且磋商解决问题的对策，使人们紧绷的情绪得到缓解，心态也随之得到平衡，从而最终甩开思想包袱和心理压力，让心情变得愉悦舒畅起来。

当然，心理咨询只是一种辅助手段，但是作为一名具有丰厚学识和经验的心理咨询师来说，对我们确实是有极大的助益。因此，在未来的职场竞争中，心理咨询师将是一个十分具有竞争力的行业，市场前景将非常广阔，因为人们对心情愉悦的心理需求是十分强烈和迫切的。因此，及早介入到心理咨询行业，必将成就一番惊人的成绩。

在各种各样的解压方式中，瑜伽可算是一个结合了生理和心理、动态与静态、修炼与锻炼的一项体育运动。在生活中，若是我们掌握了简单的瑜伽技巧，就可以借助一些瑜伽动作及其延伸出来的肢体伸展来适当缓解压力。瑜伽对环境的要求比较低，可以成为我们生活的一部分，令我们能够随时随地通过适当的放松来面对生活的种种考验和挑战，以愉悦的身心状态予以应对。所以，瑜伽行业在未来的市场竞争中也会有极大的市场潜力。

总之，心情愉悦是感受美和享受美的前提及基础，没有愉悦的心情也就不可能有美好的生活。而为了愉悦身心、缓解压力的各种方式、各项产业都将有极大的消费市场，能够得到广大消费者的接受和追捧，比如娱乐消遣、休闲度假以及各项旨在愉悦身心的服务业都可归于此类。

第五节　美是万物审美的需求

美是大自然中普遍存在的现象，万事万物都存在美与丑的一面，关键在于审美主体的经济状况、生活方式和审美情趣，只有我们以美的观念和角度来审视周边的事物，美好自然才能呈现在我们面前。而所谓的丑陋其实很大程度上是出于自我需要和审美角度的问题，若是有悖于自己的审美评价和审美判断，那么即使在别人眼中是美的，在自己的眼中也是丑的，不能成为自己追求和推崇的对象。

实际上，美与丑没有绝对的界限和标准，何为美丽，何为丑陋，在不同的时间和场合，对不同的对象来说就会有不同的答案。比如有人喜欢在田野中品味飘逸的花香，欣赏葱郁的树木，看那欣欣向荣的万物，听着那大自然悠扬和谐的鸟鸣，就认为是最美的时刻；有的人喜欢欣赏秋日的斜晖，当在斜晖的垂照下，地面上投下一个靓丽的身影，树叶在秋风的吹拂下时而飘然起舞，时而盘旋翻飞，就认为那是在它生命的最后一刻最为绚烂的美。可是，若是换一个人，换一种心情再来看眼前的事物，或许就会得到完全不同的结论，其审美评价会截然不同，正如看到斜晖，有的人体会到的可能是一种“夕阳西下，断肠人在天涯”的凄凉感觉。

可见，审美是一项带有极大主观性的活动，形成美的评价需要考虑的因素很多，比如说个人的品位、喜好、心理状态等。但无论如何，审美都是一个十分广泛的概念，万事万物都可以拿来审美，在不同的时间、不同的场景下，我们常常会发现同一事物不同的美，或者发现不同事物各具特色的美。也正是这些多样化、多变化的美，让我们的生活更加丰富多彩，得以常看常新，有时还有意外之喜。这也正是为什么人们常说，生活中不是缺少美，而是缺少发现美的眼睛。

确实，只要我们有一双善于发现美的眼睛，能够怀有一颗愉悦舒畅的心，就能够时时发现身边的美，甚至在习以为常、司空见惯的事物中发现可喜的一面。毕竟，每件事情都有其两面性，每件东西都有其值得肯定和称许的方面，它们都在以自己独特的方式诠释和表达着各种各样的美。如果我们能够欣赏到，就是找到了与这种美的契合点，相反则是没有找到。因此，美的直觉和感受是具有差异性的，这种差异性的美感使得人们对美有了不同的定义和感知。也正因为这样，有些东西被认为是美的，有些东西被认为是丑的。当然，在制定一些常规的美丑标准时，则是依据大多数人对一件事情美丑的界定和审美评判。

美是我们对万事万物审美的需要，而且在很多时候是一种不自觉的行为，并不是刻意而为之。就像我们无意间看到一样东西的时候，就会形成其漂亮或者不漂亮的感觉，并没有刻意地对它们进行评判，甚至不是出于购买的目的。但是，当我们对一件东西做出美的评价和判断后，也会因为自己的喜好而做出购买行为。

对于产品经营者来说，要想让自己的产品在未来激烈的市场竞争中赢得消费者的青睐，让消费者从众多的消费品中选择自己的产品，很重要的一点就是要突出自己产品的特点和与众不同的美，从而让自己的产品赢得更多的关注。只有抓住消费者的眼球，让消费者对自己的产品有一定的注意力和好奇，有想要进一步了解和探询的欲望，才能够做到让消费者选择自己的产品最终成为可能。

这也正是人们在经营模式中常用到的眼球经济，也就是注意力经济。而所谓眼球经济，即依靠吸引公众注意力而获取经济收益的一种经济活动。可以说，在商品日益同质化的今天，在现代强大媒体，尤其是互联网的推动下，眼球经济将越来越发挥日益强大的作用，成为促成消费的关键推动力量。因为在未来的市场环境中，行业之间的竞争会越来越激烈，消费者的消费需求能够通过多种途径得到满足，也能够有更多的选择。而店铺运营者或网店经营者要想从众多的同行中脱颖而出，完成更多的交易，首要的一步就是要能够以产品的特色和美感来吸引住顾客，让顾客能够从外面进入店里来，或浏览你的店铺网站。只要消费者能够进入店里来或浏览你的店铺网站，消费活动就成功了一半，其他的就看经营者和销售员的技巧了。

当然，除了突出产品的特点和亮点外，经营者还可以运用其他附属手段，通过各种途径和方式来吸引消费者的注意力。尤其是在网络时代，没有注意力或点击率，没有消费者的眼球关注，就不会进一步产生收益，而没有收益的企业要面临的就只有一种结局，那就是被淘汰出局。因此，想方设法突出产品的亮点，或者有自己主打的与众不同的地方，企业才能够永续发展，持续地获得收益，在激烈的市场竞争中把握主动，占据有利位置。当然，经营者要想真正地做到这一点，也并非那么简单。

为此，经营者要清楚地知道，所谓的审美是对万事万物的审美，任何一种被人们需要的东西都有一定的市场，只要我们能够仔细观察消费者的消费习惯和特点，了解不同消费者的审美价值和审美评判，在产品设计和运营的时候能够突出亮点和特色，每项产品都力争从美学的角度去考量和安排，从而进行准确的定位，如此就能够顺利地完成销售行为。相反，一件商品平平庸庸，没有什么值得玩味或令人眼前一亮的东西，消费者根本就无法注意到该产品，产品的收益自然也就十分寡淡。

赵春林拜访于光远教授

所以，满足消费者的审美需要是经营者的首要的切入点和立足点。只有消费者感兴趣，认为是美的东西，才会止不住地前去了解和认识，才能在销售员的一步步引导下完成购买行为。所有的商品只要是有实用性的实际用途，再契合消费者的审美价值，那么消费者就会选择为其买单，相反，连看都不会看一眼。

第三章 美是一种生活态度

美在我们的生活中随处可见，对人们潜移默化地产生着或多或少的影响，也由此成为指导人们言行举止的一种生活方式和态度，继而作用于人们的一言一行。也就是说，我们对美的观念及价值判断如何，将直接影响着人们采取怎样的生活方式和态度。比如，美有时候表现为一种正能量，有时候表现为一种健康的情绪，有时候表现为一种舍得的精神，有时候表现为一种勇气，有时候表现为一种感恩，有时候也表现为脚踏实地。这些美的观念实际上传递的就是一种生活态度，而这种生活态度都是建立在一定的审美观念和价值评判基础之上的。若是我们能够持有这样的审美观念，那么就能拥有更加幸福美好的生活。

第一节　美是一种正能量

美好的事物总是能够让人赏心悦目，美丽的风景总是能够让人心情舒畅，美味的食物总是能够让人赞不绝口，而我们这一生其实就是对美好事物的持续追求。毕竟，在我们的周围有各种各样的美，有自然的美景，也有体现人性关怀的亲情、友情和爱情，有社会的和谐之美，也有与我们息息相关的各种形式的美。但不管是什么类型的美，每一个积极昂扬的人生都是在对美好事物的追求中度过的。

有道是好的生活方式就是和美好的事物待在一起，就是通过持续的努力去改变贫乏的现状，抓住更多的机会，拥有更多美好的事物。也正因为这样，人们对美的追求和渴望实际上是一种正能量的实现过程，是我们积极面

对生活的动力和源泉。试想一下，如果我们没有了对美的追求和渴望，也就不会为了成就美而付出时间和精力，付出持续的努力和反复的实践，如此一来平平庸庸、碌碌无为，人生也就没有什么精彩和意义可言。当然，在追求美的过程中，要最终拥抱美的果实，就需要我们有所付出，有所努力，不怕吃苦，不怕出丑。任何美好的事物都不会平白无故地降临到我们头上，天下没有免费的午餐。人们对美的追求就是人的一部奋斗史，在这个过程中充满了对正能量的礼赞。

美是一种正能量，与美同行能够让我们的生命之花开得更加绚烂，当我们回味的时候，也会觉得更加有意义。苏联作家尼·奥斯特洛夫斯基在《钢铁是怎样炼成的》一书中曾这样写道："人最宝贵的东西是生命。生命对于我们只有一次。一个人的生命应该这样度过：当他回首往事的时候，不因虚度年华而悔恨，也不会因碌碌无为而羞耻。"可见，真正有意义的充满美感的人生，应该是"为挣脱生命的枷锁，为了能够重新战斗，为了能实现自身的价值"，并为之付出了最大的努力。只有这样，我们的整个人生才不会留下遗憾，才没有什么抱怨。

当然，在追求美的过程中，我们所付出的任何努力都不会付诸东流，即使是最终没有达到我们理想的目标，这个奋斗和拼搏的过程也是值得肯定的，也是没有遗憾的完美人生。所以，生活以及工作中对美的追求，都彰显着正能量，让人相信凡事皆有可能，一切事在人为。也正是这种激励人心的斗志让越来越多的人由失败走向成功，由成功走向另一个成功。所以，人们对于正能量的美总有一种天然的好感和喜爱，对于充满正能量的事物也会不自觉地顶礼膜拜，并以此为榜样来约束和要求自己。

这就是推广正能量所产生的巨大效益，毕竟在每个人的心中都有一颗赤子之心，对于美好生活的追求和向往，人人皆是如此，概莫能外。所以，对所有美的追求是每个人都强烈渴望的。据此推广开来，应用到经济领域也非常实用。要知道，作为经营者要想自己的企业实现永续发展，有越来越多的消费者加入，就不得不时时琢磨消费者的心理、需要和追求，以便让自己的产品能够满足消费者的需求。而鉴于人们对正能量的美的追求，经营者也可以好好琢磨一番，把这种正能量的美运用到自己的产品中来，或使自己的产品被冠以正能量的理念，或以某个时下的正能量观念进行延伸发现相关产业。

尤其是在企业生存发展的过程中，对产品的市场定位是十分重要的。而且，这种市场定位不仅仅是简单地对市场消费群体如性别、年龄、层级的定位，更是对怀有某种思想观念、生活态度和理念的消费者的定位。事实上，不少的产品都已经做到了这一点，并收到了很好的效果。像主打运动风的鞋、裤等装备产品，提倡运动、健康、青春、阳光的消费定位和运营理念，显然就会把对这一理念热衷的消费者吸引过去。相反，如果单单是售卖运动鞋、裤，而没有对消费者心理趋向、价值观念给予正能量的引导，那么消费者的购买意愿就没有那么强烈。

当一件产品被赋予了正能量的积极概念和意义之后，商品的价值就不仅仅是商品了，人们在对这件商品进行评价和判断的时候也不仅仅只会看到商品的质量和款式，还会去考量该正能量的观念是否契合自己的追求，是否正是自己渴望和推崇的。若是如此，那么即使是该产品有些细节上的瑕疵，消费者也不会太过追究和计较，所谓瑕不掩瑜正是如此。其实，这就是心理导向的巨大作用。附属意义和正能量的观念，能够起到和品牌甚至比品牌更强的号召力和影响力。而且，一旦定位准确，抓住了人们对这一观念的趋同心理，那么销售市场就很容易打开，产品会获得消费者的追捧。

赵春林办公照

不过，对于产品的正能量给予也需要经营者能够对消费者的心理以及当前的主流思想倾向、正能量观念的提倡有准确的了解和把握。否则，定位不当，非但不能取得预期的效果，甚至还会适得其反，引发消费者的反感甚至厌恶，从而让经营者的产品为人诟病。所以，产品的理念定位是非常重要的，它直接影响着消费者在购买中以及购买后的内心体验和感受。要知道，心理暗示的作用是极大的，经营者千万不能忽视，而要好好地加以利用。只有这样，才能在未来的市场竞争中打好心理战，才能在众多的产品中脱颖而出，实现自己的快速发展。另外，还需要经营者注意的是，产品理念的定位也并非一成不变，在变与不变之间，经营者可以自主把握。

第二节　美是健康情绪的传递

美好的生活需要美好的心态和理念去创造和维护，对美的追求实际上也就是对美好心态和理念的追求和塑造。而所谓美好的心态和理念，也就是积极健康的心态、情绪。拥有了积极健康的心态、情绪，能够以正面阳光的心态来面对和处理生活中的种种困难，才能够避免消极情绪的侵扰，才能够对外界的不良侵袭形成免疫力，享有幸福美好的生活，活得洒脱从容。

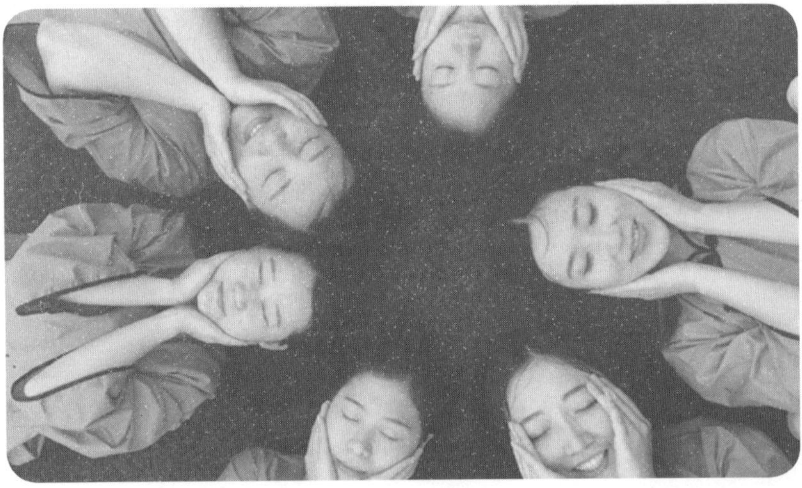

有道是“人逢喜事精神爽”“笑一笑，十年少”，拥有积极健康的情绪，对身体健康有着极大的助益，而消极不良的情绪则会把人不知不觉地带入危险的境地，让身体越发孱弱和危险。有大量的研究数据表明，很多身体疾病都和心理因素密切相关，消极不良的情绪甚至是造成人体致病的一大元凶。比如，长时间的紧张、焦虑、愤怒、抑郁会导致血压上升、消化功能紊乱。而长期被消极不良情绪困扰，则会导致人体淋巴细胞功能发挥失常，不能及时监测出变异的细胞，久而久之就会导致癌变。

情绪与身体健康之间是一种互相影响和作用的关系。当人的身体发生病变或者不适的时候，心理情绪上也会产生不同程度的波动，这也正是为什么大多数病人的情绪会和生病前有所不同的重要原因。相应地，人的情绪也会作用于身体，一旦人们长久地沉浸在某种不良和消极情绪中，长久受到情绪的不良暗示，甚至因为一点小病就惶惶不可终日，那么小病就会变成大病。可若是患病之后，有良好的情绪进行心理调适，并积极配合治疗，就能够使病情得到有效的缓解，甚至出现医学奇迹。

可见，情绪对身体的影响是十分关键的，拥有健康的情绪能够为健康的身体保驾护航；而有了健康的身体，自然也就有了追求美好和幸福生活的可能。同时，在追求幸福和美好生活的过程中，积极健康的情绪也能起到积极的推动作用，在看待和处理问题的时候，积极健康的情绪能够把问题化难为易、化繁为简，让前进的路途更加顺畅，遭遇的困难和挑战更容易跨越。相反，被消极的情绪困扰，在追求美好和幸福生活的过程中，就会缺乏前进的力量，一旦遭遇挫折和失败，就极容易自我扩大化，把很小的一件挫折看作是极大的阻碍，甚至产生对自我能力的否定，从而心生畏惧，止步不前。

情绪与心理状态构成的内在精神世界，是外在行为的指导和推动力量，积极的情绪能起到积极的作用，消极的情绪则会起到消极的作用。另外，积极健康的情绪，也是对自己的善待，能够在很大程度上帮助自己排遣痛苦，及时从烦恼和痛苦中抽身解脱出来，积极地寻求改变不利现状的方法和途径。在积极健康的情绪影响和作用下，人们也能够自由展现自己的个性和特色，做到与人和谐相处，并能够不断地学习，懂得利用各种资源，不断地充实丰富自己，让自己的生活变得越来越好。况且，积极健康的情绪也能够让人们从不同的角度来看待所有的问题和麻烦，知晓知足常乐的道理，从而能够以积极的心态享受美好的人生。

所以，每个人都要力求做积极健康情绪的持有者和传递者，让健康情绪围绕在自己和他人身边。这样，美好和幸福的生活就会如期而至。由此，人们对美的追求首先就要拥有积极健康的情绪。对积极健康情绪的塑造和追求，是实现美的前提条件和基础动力。而这种对美的追求应用在经济领域也具有普遍的适用性。作为产品经营者，要想在未来的市场竞争中占据有利位置，赢取主动，就必须让自己的产品能够给消费者传递一种积极健康的情绪。在这种积极健康情绪的作用和影响下，消费者就会对该产品情有独钟、极力追求，把该产品作为自己心态的一种写照，也作为一种心理暗示，从而做出购买行为。

因此，经营者在进行产品定位、产品设计、产品包装、产品销售的时候，都需要传递出一种积极健康的情绪。尤其是在产品包装方面，是传递健康情绪的非常直接的方面，因为产品包装是与消费者接触最为广泛也最为频繁的视觉形象，在诱导消费、提高产品竞争力、建立品牌等方面具有十分重要的作用。所以，产品的包装要根据具体的产品及消费对象的特点，尽量传递出青春、阳光、健康、运动、活力、乐观等意蕴。这样，消费者就会被这种积极健康的产品理念吸引，加上对这种健康情绪的认同和肯定，自然就会愿意为其买单。

当然，要传递积极健康的情绪，还需要经营者注重产品销售的每一个环节，在产品推销和产品的售后服务上，都要尽可能地传递积极情绪，提高消费者的满意度，让客户的情绪在消费的过程中始终保持积极健康的状态。如此一来，消费者的整个购物过程都是愉快的，自然会非常高兴。也正因为这样，在将来的市场营销中，经营者会越来越把产品营销的重点放在对消费者的全程服务上。要知道，随着竞争的日益严峻，产品之间的质量差距会越来越小，服务水平和消费体验会越来越关键，只有消费者在消费过程中感受和体验到了积极健康的情绪，收获了快乐的享受，才会在消费产品的选择上有所偏向。因而，能够满足人们对积极健康情绪的需求的产业必将成为朝阳产业，其销售的产品也必然会大卖。

第三节　美是舍予，赠人玫瑰手有余香

美在我们的生活中无时不在、无处不在，它已经融入到我们生活的角角落落，不仅包括优美的景色，还有一种心理意义上的知觉和感受，一种道

德层次上的给予和舍得。所谓“赠人玫瑰，手有余香”，我们在给予他人帮助和关爱的同时，其实自己也能够享受到安乐和踏实，也能收获满满的满足感。

比如，在别人需要帮助的时候，我们及时伸出援手，不仅能够救人于危难，也能避免自己日后心有遗憾；在别人有危险的时候，我们及时告知并劝阻，不仅能够有效避免让别人陷入危险的境地，更能够让自己收获一份患难的情谊。诸如此类的给予，不仅能够让别人得到及时的帮助，避免陷入窘迫或险境，也能够让自己的心更加踏实和丰足。

我们是生活在一个人与人编制的社会网络中的，我们每个人都是这张社会网络上的一个节点，与他人或近或远地都保持着某种联系，所谓牵一发而动全身，当我们及时向他人伸出援助之手，救人于危难的时候，其实也是在帮助我们自己，为自己以后的人生铺设一条更加顺畅的路。若是日后我们自己深陷困境或遭遇风险的时候，也能有人及时伸出援助之手给予帮助，毕竟人生就是一个不断与挫折、苦难、危险抗争的过程，每个人都可能遭遇意料之外的风险，这时候一个人的力量是非常有限的，而在他人的帮助下，则可以轻松度过，化险为夷。

赵春林出席第十届中华管理论坛

有道是“积善之家，必有余庆；积不善之家，必有余殃”，当一个人总是修善积德、与人为善，那么他的身边必然会有很多美好的事情发生，日后也会人生顺达，即使会遭遇坎坷或是磨难，也能够安然度过，没有什么灾祸。但若是一个人总是作恶坏德，待人处事钻营刻薄，对他人的危难视而不见，置若罔闻，那么即使一时顺达没有什么灾祸，日后也难免会遭受恶报，使自己陷入险境而无所依傍。所以，“爱人者，人恒爱之；敬人者，人恒敬之”。只有我们平时与人为善，懂得扶危济困，才能为自己今后的人生之路做好铺垫，使自己人生之路少一些磨难、多一些顺畅。

当然，大多数人对他人的危困都是有相助关爱之心的，这是人们在长时间的人际交往中形成的基本处事法则，也是维系人情的重要方法。更何况，恻隐之心，人皆有之，面对他人的危困，即使是陌生人，也会有不少人会及时地伸出援手。所以，美是一种帮助和给予，是赠人玫瑰手有余香。也正因为有了这份心甘情愿的帮助和给予，才使得世间充满了温暖，才充溢着爱和希望，让我们看到了人性的光辉。

张丽莉老师和她的学生在中央电视台教师节晚会录制现场

这种大美给予的善，在现实生活中也屡见不鲜，并时时让我们充满感动。比如，在我们生活中总是会涌现这样或那样的最美教师、最美司机、最美护士等，他们不仅在自己的岗位上践行了自己的职责，更把工作当成了自己的一项使命和事业，在危险来临的时候，没有畏惧退缩，而是以一己之力尽可能地帮助大家。比如，最美教师张丽莉的事迹就让我们十分感动。2012年5月8日20时38分，在佳木斯胜利路北侧第四中学门前，一辆客车在等待师生上车的时候，因为驾驶员的一时大意误碰操作杆，致使车辆失控撞向学生，司机慌乱之下不知所措，没能及时制止。危急之下，张丽莉老师一把将学生推向一旁，最后只有四名学生受伤，五名学生轻微擦伤，而她自己却被客车碾过，导致腰椎骨折、骨盆骨折、双下肢软挫伤、双下肢毁灭伤，最后只得双腿截肢。这对张丽莉来说是个不小的打击，但是事后在媒体与她的谈话中，却没有太多的忧伤和沮丧，而是透露出一种乐观和豁达。之后，她还当选了“感动中国2012年度人物”，每一个知晓这一事迹的人无不为之动容。

感动是年终岁首一段温暖的话题，也是新春伊始一股蓬勃的力量。每每看到这些感动人心的事迹，我们都在感叹，人间自有真情在。确实，美是一种舍得和给予，是能够在他人危险困难的时候及时伸出援手，甚至不计得失、不求回报，认为是对的事情就去做了，连多想一会儿的时间都没有。所以，他们成了一群最美丽的人，这些面孔也永远留在了我们的脑海里，让我们终生铭记。

人们对危难之时施以援手的人或事迹总是满怀感动。人们在长期的人际交往和待人处事中，也能够十分真切地感受到“赠人玫瑰手有余香”的实际价值和意义，也正因为这样，互助互利成了人们的一种美的需求。

相应地，人们的这种对于给予的感动和追求，应用在市场经济方面也具有极大的借鉴和参考意义。经营者在未来的市场竞争中，面临的竞争压力会越来越大，而要想有一番作为，占据有利位置，就要懂得互助给予的道理，在市场操作的过程中，不能凡事都唯利是图，而要懂得团结一切可以团结的力量，尤其是与自己经营的产业处在同一链条上的。

也就是说，为了应对将来日益激烈的市场竞争，经营者应当发展规模集体产业，善于运用抱团取暖的经营思路。这是一种利人利己的经营观念，只有规模效应起作用后，才能够产生更大的收益，在应对未来风险的时候，自身要承担的部分也会小很多。可见，这是一种利益和风险都能够得到保障的策略，也是企业发展壮大的必由之路。

另外，在具体产品的经营时，也要懂得“将欲取之，必先予之”的道理，其实大多数消费者的心理都是在购买的时候想要更多附加优惠和馈赠的。经营者若是能够提前满足消费者的这一心理，懂得时时刻刻以客户为中心，以研究客户心理为重点，在进行销售之前先予以各种各样的优惠、福利等，那么消费者在心理上就会更倾向于此产品，从而做出购买、消费的决定。相反，那种单纯地进行产品销售的行为，就事论事，是没有什么好效果的。毕竟，消费者先尝到了甜头，就会有更强烈的欲望来进一步了解，而这在竞争日益激烈的市场环境下，是十分重要和关键的一步。

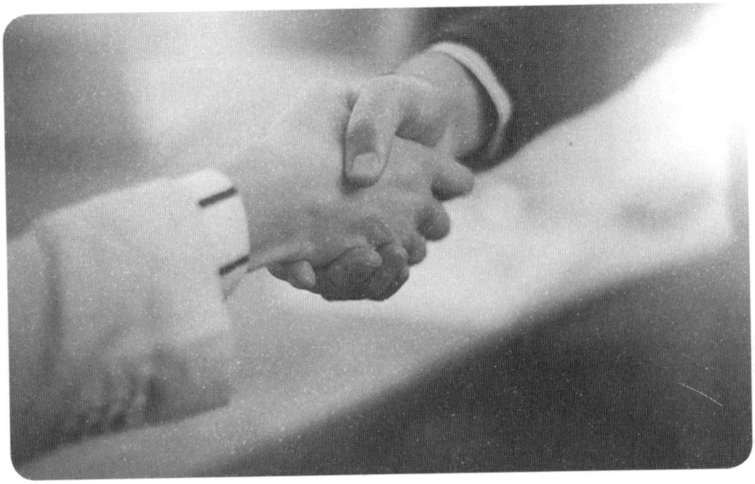

第四节　有一种美丽叫作勇气

爱美是人的天性，而美丽、美好以及一切美的事物，都不是随随便便就可以获得的。要拥抱美好的生活，把美丽揽入怀中，不仅要懂得给予，更要拥有一种勇气，具备不屈不挠的品格。毕竟，对美的追求是一个奋斗拼搏的过程，并非一蹴而就，需要我们面对这样或那样的考验和挑战。只有顺利地通过考验，以无畏的精神勇往直前，不避艰险，不怕困难，才能够迎来绚丽的彩虹，享受胜利的果实，让美好伴随左右。

相反，如果在追求美好和幸福生活的过程中，总是畏畏缩缩，遇到一点困难就止步不前，犹豫徘徊，耽于一时的安乐，选择就地歇息或者退至原点，那么美好的目标和生活就会成为一条永远也跑不到尽头的路。虽然看起来我们也在向着美好的生活前进，但是缺少了勇气和斗志，慢慢腾腾地进一步退两步，没有坚定的心性，很多事情都会半途而废，功亏一篑。所以，对美的追求需要勇气的支撑，需要靠勇气和斗志来化解追求过程中的一切阻力和考验、压力和挑战。要知道，每一次前进和发展都是对过去的告别，每一步成长都需要奋力前进。害怕困难、畏惧风险、缩手缩脚，永远只能当美好的旁观者，只能在一旁投以羡慕和渴求的眼神。

为什么在追求成功和美好的路途中，能够到达终点真正实现自我超越的永远只有那么少数的几个，大多数人都摔倒在了追求美好的路上，或干脆在原点打转？究其原因，很大程度上就是因为他们缺乏足够的勇气和毅力，在遇到挫折或困难的时候，在遭遇失败的时候，不是重整行装继续前行，而是心生畏惧，选择止步甚至退缩。当然，也有一部分在前进途中遭遇一次挫折就心灰意冷，以“自我安慰”的形式继续保持现状，退守原地。显然，这样是不可能有好结果的。

现实中活生生的事例也向我们一再印证了勇气和毅力能够战胜艰难险阻的道理。其中，最具代表性的恐怕就是在天灾和疾患面前人们的英勇表现了。人们正是靠着勇气和大无畏的斗志和毅力一再改变了天灾和人祸结缘的历史悲剧，书写了人定胜天、勇者无敌的光辉篇章。从2003年突如其来的“非典”，到冰雪灾害、地质灾害的侵袭，人们都凭借着自己的勇气和斗志坚强地生存了下来，其中抗灾官兵英勇无畏，不计个人生死，受灾群众凭借着心中的勇气和无畏，勇于与灾害斗争，坚持等待救援，或者采取一切可能的方法积极自救，这些都显示了人们在灾害面前的斗争精神。也正是因为这种勇敢的抗争精神，使得人们虽历经磨难，但仍旧能够朝着幸福美好的生活前进，最终与幸福相遇。

勇气也是人们要克服重重困难必备的生活方式和态度。人生就是一场试炼，在这个过程中，我们总要受到很多的考验和挑战、磨难和挫折，没有谁的人生是一帆风顺、畅通无阻的。比如，著名作家史铁生，在年轻的时候就因病而双腿瘫痪，终日只能坐在轮椅上，虽然他也经历了一段艰难的岁月，但是他坚持与命运抗争，最终战胜了病魔，在漫长的轮椅生涯中活出了自强自尊，以勇敢和无畏成就了一座文学的高峰，其想象力和思辨力更是一再刷新当代精神的高度。由此，人们谈到史铁生，读到他的《我与地坛》，心中就会涌起一种勇敢和无畏。史铁生自己也曾笑称，自己的职业是生病，业余才是写作。

可见，勇敢地面对和懦弱地退缩有多大的差距，在病痛和灾难面前，有没有勇气更是截然不同。勇气不仅能够让我们减轻苦痛，甚至还有神奇的效果，让我们化险为夷。相反，如果缺乏勇气，在困难或病痛面前胆寒畏惧，即使眼前困难或病痛不值一提，也可能把我们推向绝路。所以，勇气是支撑我们生活下去的重要力量，是我们经受住考验不可或缺的态度立场。否则，我们很难拥有美好的生活。毕竟，任何的美好不经过一番努力和拼搏都是无法得到的。

赵春林出席凤凰卫视“宏观调控下的中国房地产趋势”论坛

久而久之，人们把勇气推到了美的高度，认为有勇气的人是最美的，在他们的身上，我们可以看到生命的耐力和人生的希望，可以找到战胜困难的途径和立身处世的正确态度。相应地，人们也把这种对勇气的礼赞应用到了消费活动及市场运作中。他们认为，作为消费者要敢于消费，只要消费的产品符合自己的实用性要求，在自己可以承受的合理价位内，就可以进行消费，而没有必要把所有的消费都压缩在最低范围内。我们常说，一分价钱一分货，低廉或许也可能买到质优的产品，但却不适合推而广之。这点尤其是在保守的消费者身上体现得十分明显。他们对于消费活动十分谨慎，甚至趋于严苛，丝毫不肯放开自己的消费格局，总是把自己的消费框在一个极小的范围内，以至于自己的生活总是抠抠搜搜。

作为企业来说，要应对未来日益激烈的市场竞争，赢得市场的主动权，获得长足发展，十分重要的一点就是要富有开拓精神，面对竞争和压力要有充足的心理准备，扛得住压力，敢于直面竞争，不能遭遇强敌就畏惧退缩，甚至不战而退。否则，经营者的产品市场份额就会越来越小，所谓“敌进我退”，一味地退让屈服，只能逐渐被竞争对手打压下去，生存空间被压缩，这显然不是企业的生存之道。所以，企业运营者一定要明确应对未来竞争的正确态度和立场，只有直面竞争，敢于亮剑，才能立于不败之地，即使是遭遇挫败也能够重整旗鼓，再塑辉煌。

第五节　美的体验是怀有一颗感恩之心

美是一种审美评价和判断，更是一种对生活的感知和感恩。实际上，在我们的身边围绕着各种各样的美，这些美好的事物或是大自然的赐予，或是来源于他人的帮助，或是自己的奋斗得来。但无论如何，我们只有时常怀有一颗感恩之心，才能够发现生活中的美好，感受到平凡中的美丽。相反，若是我们每天或是惴惴不安，或是抱怨忧愤，那么眼中看到的就只能是丑陋和灰暗，所有的美也就离我们远去了。

其实，感恩是一种人格品质，更是一种人生态度，一种让人能够感受和体验到美感的道德修养。要知道，人这一生，不如意者十之八九，总会遭遇各种各样的酸甜苦辣，让原本平淡乏味的生活变得充满或悲或喜的多样色彩。可是，如同幸福是一种主观感受，人们对生活美的感受也是如此。生活中的友爱、幸福和快乐等所有的美感，只有怀有感恩之心，而不是一味地索取和贪得无厌，才能真正地感受到。

有了感恩之心，人与人之间亲善友爱，对于他人的帮助和爱护心怀感激，在他人遭遇困难或危险的时候能够尽己所能地予以帮助，那么我们的生活就会拥有更多的温馨和美好。俗话说，“滴水之恩，涌泉相报；衔草结环，以报恩德”，这就是中华民族优秀的传统美德，是植根于我们内心深处的心理因子。当然，感恩之心也并非生来就有的，人与人之间的感恩之心也有强弱的差别，也会影响到人们对幸福生活的感知。生活中我们大都会有这样的经验，有些人看似生活贫困，但他们过得很幸福，对生活以及自身拥有的一切充满感恩之心，对未来的生活充满着希望和美丽的憧憬，而有的人虽然看似衣食无忧、应有尽有，但是却因为没有丝毫的感恩之心、索求无度，没有一点幸福感，对身边的事物也是冷淡麻木，感受不到任何的美，从而陷入新一轮的索求和物质享受，如此浑浑噩噩，只有靠无止境的物质欲望来摆脱生活的平淡。

显然，不懂得感恩的人缺乏发现幸福和美的眼睛，也不可能拥有亮丽的人生。而且，感恩之心会产生一系列的连锁反应，是一种积极的心理效应，在感恩之心的影响和驱动下，人们会不自觉地体察到生活的美好和充实，感到自身活着的意义和价值，从而对未来的每一步都充满坚定的力量。而且，懂得感恩的人，会有强烈的责任感和使命感，有勇于负责、敢于担当的精神。他们不会因为物质的丰富导致精神的空虚，不会因为痛苦的经历而怨声载道、一蹶不振，他们总是能够心怀斗志，拥有驾驭自己命运的能力，去承担自己应当承担的一切。不管经历过什么，他们总能以感恩之心去对待，第二天睁开眼又能够重新上路。

所以，在人生的成长发展过程中，懂得感恩的人可以忘记不必要的烦恼，克服重重困难，不断战胜自我，以一种积极昂扬的姿态面对崭新的生活。我们都知道，现实生活就是一面镜子，你笑它也笑，你哭它也哭。能否感受到生活的美好和幸福，很大程度上取决于你对生活的态度，取决于你的心中是否有感恩之心。懂得感恩，懂得珍惜身边的人，懂得对他人的帮助和关爱给予积极的回应，那么我们就永远不是一个人在战斗。

如果我们懂得感恩，失败的时候就可以看到和他人的差距，继而加紧充实自我，而不是一味地自怨自艾、自甘认输。在不幸的时候，我们也能够得到他人的慰藉，周围会有很多的朋友。尤其是在当今激烈的市场竞争环境下，人们对感恩之心越发重视，因为有太多的人随着物欲的膨胀感恩之心日渐淡薄。他们只知道索取，不懂得付出和回报；只知道成就自己，而不懂得帮助关心朋友。由此，人们对怀有感恩之心的人更加珍视，并主动与之结交，因为与这样的人为友是人生一件十分幸福的事，我们可以在与他们的交往中感受到人间的温情和美好，能够放下那些伤害、卑微和污秽，记住温情、友爱和善良。

赵春林出席毛泽东思想指导社会实践论坛

当然，人们对感恩之心的追求和重视也能被经营者运用到经济领域。虽然，人们常说自古商人重利轻别离，但是作为现代商人来说，却不得不重视感恩之心的作用。尤其是在主打感恩主题的节假日，诸如感恩节、父亲节、母亲节、老人节、教师节等节日，经营者一定要准确地把握好感恩主题选取恰当的产品进行宣传并销售。其实，这也就是人们常说的假日经济。现如今很多商家企业都会极力地利用节假日效应来加大宣传攻势，从而实现远远好于平时的销售业绩。

另外，出于人们对感恩之心的重视和礼赞，经营者的产品定位和经营思路也可以尽量向感恩的方向靠拢。比如，经营者在进行产品销售的时候可以对产品进行理念定位，可以在合适的时机以回馈客户的形式来招揽客户，加大对客户的关心，以超越客户期望的方式来对待客户，也可以采用其他更加具有针对性的方式方法。但不管怎样，经营者若是能够抓住人性的这点永恒追求，就能够在崭新的商业时代获得巨大的商机。相比较来说，这比利用巨额资金大肆进行广告宣传要更具成效，因为这样的产品文化理念能够向消费者证明经营者的企业是比任何人都更加关心客户利益的企业。如此一来，口碑效应推广开来，就能使企业获得强劲的发展动力。

感恩经济是未来市场经营者创造巨大商业价值的重要方法，而推崇感恩之心的美，也就是要让经营者懂得认真倾听和重视消费者的心声，懂得满足消费者的需求和追求。因而，不管将来的市场竞争如何激烈，对人心、人性的满足永远不会过时，也永远不会被淘汰出局，只要经营者能够对消费者的心理需求进行仔细的研究和准确的把握。

第六节　美的感受是要做到脚踏实地

人们对美的追求是永无止境的，我们每时每刻都在追求这样或那样的美，而这种美很多时候就像一种理想或目标，它指引着我们一步步地走向美好的人生。因而，对美的追求就是对理想美的追求。在追究美好和理想的生活过程中，要真正地拥抱美好，让理想和目标落地，还需要做到脚踏实地、全心全意。相反，若是好高骛远、空谈理想，那么我们与美就永远隔着一层，可望而不可即。

这恰如人们常说的，理想是一个人一辈子最宝贵的财富，而成功却源于脚踏实地。实际上，对美的追求亦是如此。所谓的美其实也就是与现实生活相比较而言更高层次的追求和目标。我们追求美的过程，也就是追求理想和目标的过程。在这个过程中，我们需要展望一下未来，把眼光放得远一些，可所有美的理想和追求都必须脚踏实地，否则再美的理想最终也只能是一事无成、一败涂地。

黑格尔曾说过："一个民族只有多一些仰望星空的人，他们才有希望；一个民族只是关心脚下的事情，那是没有未来的。"这里所谓的仰望星空，就是要怀揣梦想和目标，只有怀揣梦想、具有高瞻远瞩的眼光，才能让未来变得更美好。正如当众人为了锱铢之利斤斤计较，习惯用数字来衡量人生价值的时候，美国著名哲学家梭罗却把对世俗名利的追求转化为对星空的仰望，在广阔的自然中找到了属于自己的方向，最终成就了一番伟业。可是在仰望星空和最终成就一番伟业的过程中，梭罗也付出了巨大的努力和反复的实践，用自己的实际行动来一步步地践行自己的理想和目标。试想，若是梭罗空有梦想，只知一味地仰望星空，而没有脚踏实地的付出和实践，最终的结果显然会截然不同。

人们常说空谈误国，这句话用在对美和理想的追求中也是如此。没有任何脚踏实地的空谈和妄想，一味地仰望星空追求所谓的梦想和目标，那么梦想最终也只能是梦想。实际上，仰望星空更需要脚踏实地，二者之间是一个追求梦想和践行梦想的关系，其中追求梦想是确立一个目标和前进的方向，脚踏实地则是一步步朝着目标稳健前进的过程。我们想要最终成就美好的生活，不仅要有理想和方向，脚踏实地更是不可缺少。毕竟，在追求理想和美好的过程中，道路坎坷，圆梦艰辛。有梦想而无行动，梦想就会成为泡影；有行动没有方向，就是漫无目的的浑浑噩噩，终将一事无成。

脚踏实地是追求成功的重要一环，坚持脚踏实地地一步步走下去，不停地追求和进取才能最终超越平凡，拥有美好的生活，收获成功的果实。相反，再远大美好的理想也只能是虚妄之谈。由此可见，只有脚踏实地地践行梦想、追求美好，“仰望”和“追求”才有其意义和价值。也正因为这样，人们对脚踏实地的美总是充满肯定和认可，而对于夸夸其谈没有实干精神的人总是嗤之以鼻、深感不屑。人们对美的体验和感受中，就包含了一种脚踏实地的美，这种美源自人们的生活，是生活美的重要组成部分。

在具体生活实践中，人们对他人的审美评价也往往会以脚踏实地为标准，久而久之，就成为人们行为处事的一种内在准则，而且这种内在准则也在无形中影响和支配着人们的一言一行、一举一动。当然，在进行消费活动的过程中，人们也奉行这一准则，不盲目，不攀比，主要看所购买产品的实用价值、质量和品牌等方面的信息。

因此，作为产品的经营者来说，不管对未来有怎样的构想或布局计划，要想在未来激烈的市场竞争中赢得主动，占据有利位置，获得更大的市场份额，就要懂得产品至上的原则，把未来主要的重点放在引导和满足消费者的消费需求上，并极力提高产品的质量和水平，提升产品的整体品牌力，以诚心诚意、脚踏实地的态度来全力服务于消费者，成就消费者的完美消费体验。经营者只有始终坚持质量至上，持续发扬“努力超越，追求卓越”的产品理念和企业精神，奋发进取，砥砺前行，脚踏实地地实现既定的产品目标和计划，才能赢得客户的青睐和认可，最终成为消费者信得过的企业或品牌。

未来的市场竞争比现在还要激烈，各种各样的市场营销策略定然也会层出不穷，但是最为核心的策略无论何时都是过硬的产品质量。只有质量经得起消费者长时间的检验，能够得到消费者的认可和青睐，让消费者能够主动选购自己推出的产品，那么经营者才不用担心消费者被其他产品夺走。因为，消费者在有了某种需求之后，又能够有质量过硬、可以信赖的产品，他们大都不会再花大量的时间在令人眼花缭乱的产品中去重新挑选。要知道，随着竞争的日益严峻，大多数人花费在精挑细选购物上面的时间会越来越少，他们大部分的时间都用在了工作和安排生活琐事上，消费在未来将变得越来越便捷和直接。而在这种便捷和直接化的购物中，产品质量无疑是消费者首先考虑和选择的指标。

而生产是保障产品质量的关键环节，产品经营者要想保证产品的高质量，就要采用国际化的高标准来严格要求自己，对生产的各个环节严格把关，当然，这除了需要管理制度上的支撑，还需要引进专门人才和高端设备。这样，生产有了保障，质量过硬，没有投机取巧，再加上准确的市场定位，销售业绩自然就会让人满意。

第四章 美是一种竞争力

在产品营销的各种影响因素中，美无疑是仅次于实用性的最具有竞争力的因素。只不过这种竞争力比较隐性，没有其他因素那么明显和直接，但是它却能够为产品经营者和企业创造惊人的产值和财富，发挥不容忽视也不可替代的作用。也正因为这样，美被越来越多的产品经营者和企业以各种各样的形式运用到商品中去，各种各样的创意美学、产品美学、经营美学、符号美学等大行其道。追求美好的东西是人类的天性，真正的美的竞争力是无法复制的，产品经营者和企业要做的是打造独一无二的美的竞争，走出一条属于自己的路。

第一节　美是一种看不见的竞争力

在生活中，美的形式各种各样且无处不在，而不同形式的美其作用和效果也各有不同。因此，人们追求的美也因人而异。但不管是什么类型或形式的美都会对人产生一定的功效，或是精神世界的纯粹审美，或是实用性的功能便利。可见，美是一种具有价值和意义的追求，而并非有些人表面上看起来那么简单，或者含糊地以为毫无作用。

赵春林出席中国互联网金融高峰论坛

实际上，美是一种非同寻常的竞争力。这种竞争力和其他的竞争实力相比显得比较隐晦，没有那么直接，可是它发挥出来的功效却不容忽视。首先，就拿人们的容貌来说，虽然人不可貌相，要有真才实学才能获得人们的认可和尊重，但是清丽姣美、五官端正的容颜却往往能够给人留下良好的第一印象，让人更加容易接受，更愿意与之亲近和交往，从而与他人相比常常会有一个更好的开端。而那些相貌丑陋、面目可憎的人，则会给人一种天然的距离感，让人敬而远之，即使是有过硬的真才实学也很容易让人在首次接触时产生误解。

在激烈的职场竞争中，人们对容貌五官也会有一定的隐性或显性的规定。比如，有些岗位像前台、秘书、行政等职位或某些职业如模特等，大多数企业在招聘的时候都会明确地提出五官端正、形象好、气质佳的要求。而有些职位，人事部门虽没有明确规定，但在招聘的时候也会隐性地按照这一要求来作为衡量筛选的标准。显然，这时美丽的容颜就是一种隐性的竞争力，它实实在在地发挥着不小的作用，那些五官不端正、相貌有瑕疵的人就会被有些岗位拒之门外。

美好也代表着一种积极健康的生活态度和方式。因为，只有拥有积极阳光的生活方式及态度，在面对和处理各种事情的时候才能怀有积极的情绪，才能胜任更高的职位和强度更大的工作。这相比于态度消极、情绪低迷的人来说，有着明显的优势。而且，这样的人在面对考验和挑战的时候，也更容易轻松度过，有惊无险。而那些态度消极、生活懒散的人即使是遇到一丁点的困难和考验，也极有可能遭受极大的打击，甚至从此一蹶不振。所以，拥有积极健康的生活态度的人，与其他人相比拥有更强的竞争力。无论是在生活中还是职场上，都更容易获得成功，成就一番事业。

美作为一种看不见的竞争力，我们常常感觉比较抽象，难以理解。这时，我们不妨用人们常见的花来举个例子。人们之所以认为花是美的，对各种各样的花十分喜欢，很大程度上就是因为花有各种各样的颜色，有很美的各种各样的形状，还有各种花香。由此，每当人们谈到花的时候，常常就会把花的色彩、形状、香味结合在一起，就这样花相对于其他美的事物来说，就体现出了一种压倒性的竞争力。可见，美的背后隐藏的是一种隐性的竞争力。

人们对美的追求和判断也体现在消费领域。人们审美很多时候体现为一种审美价值和审美判断。而且，人们对美的评判也并不单单与风景或艺术相关，还涉及人们对美的尊重、追求和推崇。人们会逐渐把美的判断和评价升级为一种价值判断和信仰，而单个个体的审美信仰集合在一起，就会逐渐凝聚成一股无形且无法估量的巨大能量。这种巨大的能量一旦形成，就会形成企业产品无比巨大的竞争力，毕竟在这种巨大能量的支撑下，群体内的人们会自觉地选择坚守一些东西，并对抗抵制一些东西。就这样，产品也就拥有一批稳定的消费者客户群。

这与企业的经济实力、品牌影响力和质量至上理念相比较来说，是一种易让人忽视的但却发挥着巨大作用的竞争力。这种竞争力能够为企业创造惊人的产值和财富。因为消费者永远是成就产品市场份额的重要支撑力，有了消费者的大力支持，产品的市场竞争力就有了保证，企业就能获得永续发展。

为此，产品经营者就需要注重对产品美的打造，让自己的产品能够契合消费者对美的需求。比如，如今在消费者中风靡的苹果产品就是很好的例证。苹果产品之所以大卖，除了其功能因素外，还有十分重要的一点，那就是它的设计包含了美的趋势。它的造型大都简洁而富有张力，很符合大多数人的审美。同时，苹果产品之所以能够卖出高价，很大程度上也是因为它的附加价值。这里所说的附加价值，只是那些看不见却能让消费者切实感受到的东西。而这就是苹果产品的美和梦想。苹果产品的设计以及产品设计理念和定位都有力地体现了这一点。也正因为人们把苹果产品看作美和梦想的代表，才有这么多的年轻人对其热度不减，每当发布一款新产品时就争相抢购。

《天下》杂志给“美”下了一个十分确切的定义，称“美是看不见的竞争力”。确实如此，这种看不见的影响力，与我们平时看到的挂在墙上的画、听到的音乐所产生的美感是有所不同的。美在企业的生存发展过程中，所体现出的竞争力是无形却巨大的，它不在于产品销售出去了多少，而在于这种美感能够持续稳定地吸引消费者自觉地前来消费购买，并且以拥有该产品为荣。所以，作为产品的经营者一定要懂得让消费者的美感需求成为推动产品消费的驱动力。

只有我们销售的产品与其他产品相比有更大的美感吸引力、更广的消费受众，产品才会有市场，有明朗确定的发展前景。毕竟，这种根植在人们心中的产品美感和信仰一旦建立，就会有极大的稳定性，会在相当长的一段时间里保持这种偏爱和倾向，长久地选择这一产品系列。所以，这种美感所产生的竞争力，虽然看不见，但却实实在在地存在着、潜伏着，而且能为产品经营者带来无法估量的价值。可见，在未来的市场竞争中，要想获得更大的市场份额，占据绝对有利的位置，就需要极力打造产品的内在美感和价值，让美深入产品的核心。由这样的产品组成的产业才会成为名副其实的朝阳产业。为此，产品经营者从产品设计到员工的人文素质，都要深度把关。

第二节　符号美也是竞争力

说到美，我们往往不会直接和竞争力联系在一起，可是竞争力确实与美有着千丝万缕的联系，并且不同形式的美会体现出不同形式的竞争力。当然，这种竞争力比较隐晦，并没有那么直接，毕竟这种美的竞争力是从美的概念中提炼和延伸出来的。相比于其他形式的竞争力来说，美无质无形，但产生的作用却不容忽视。因此，每当我们谈论一件事物的竞争力的时候，常常都包含美的因素。

其中符号美就是一种比较抽象但是十分常见的美感形式。所谓符号美，是指由一定意义的符号组成的美的形式。这种符号美也有各种不同的表现形式，比如有数学中的符号以及标志设计中的符号，等等。就数学中的符号而言，这些符号构成了数学世界的一个美的国度。它是数学王国的重要语言，“就像一座灯塔，照亮了自然的未被揭示的秘密”。实际上，我们所说的数学语言，其实就是由一些符号和记号组成的语言。因此，在数学的王国里，这些符号就是表达数学理念、“交流和传播数学思想的媒介”。

具体来说，数学中的符号美大致体现在这样几个方面。首先，数学符号的美体现在简洁性。著名数学家付立叶曾说：“每一个数学函数，无论多复杂，总可表示为某些简单的基本函数之和。”所以，数学符号可以把复杂的数学理论以十分简洁的形式表现出来，这种简单明了的美对数学学习者来说不仅具有实用性，还具有极大的艺术美感。在体现简洁性的同时，符号美还体现在其方便性。数学符号在使用的时候非常方便，也正是其方便性才使数学符号有一种持续使用的生命张力。况且，数学符号在使用的过程中，还不断地进行改进简化，使其魅力得到不断提升。

赵春林当选《聚焦中国人》封面人物

其次，数学符号还往往呈现出一种和谐性。所谓和谐性，是指不同的数学概念之间存在着内部的联系，这种内在的联系使得数学概念的意义表达更为系统。而且，随着数学的发展，这种系统性与和谐性会更加丰富与完善。在数学符号的简洁性、方便性与和谐性之美中，表现更为直观的美就是数学中的黄金分割比例。该数学比例可谓符号数学中符号美的极致体现。在这种一连串的符号中，它把人体肢体美的最佳比例以科学的方式表达出来，让人们不仅感受到符号之美，而且在体味符号之美的同时也感受到人体之美。

当然，数学王国里面的符号也不仅仅局限于数学领域。随着人们对数学认识的加深，以及对数学知识在其他领域的广泛运用，数学的符号之美越来越广泛地运用在各行各业的审美元素之中。生活中，我们仔细观察一下就会发现，很多美好的事物中大都包含着数学的符号之美。比如，在建筑物中，人们常常会模仿某些数学符号的造型，凸显建筑物的设计美感。在服装设计方面，人们往往会选用某些数学符号的模型作为点缀。在一些首饰以及化妆品牌中，这样的凸显数学符号之美的元素也屡见不鲜。而且，每当我们看到这种数学符号之美集中体现在我们的审美对象之中，就会产生极好的审美享受和体验，数学符号的简洁性、方便性与和谐性也非常干脆地呈现在人们的眼前。

比较值得一提的作为重要的审美对象的就要说是标志设计中的符号之美了。标志设计是一种十分具有创意性、概括性和独特性的符号美的体现，也是表明事物特征的记号。它以单纯、显著、易识别的物象、图形或文字符号作为直观语言，除了具有表示什么、代替什么之外，常常还具有表达意义、情感和指令行动等作用。也正因为这样，人们在为了达到某个目的进行标志设计的时候，常常会花费大量的心思，综合考虑多种因素，以求能够传递出标志的独特创意和预定内涵。

我们对大量标志设计成果（标志、徽标、商标等）进行观察就会发现，标志设计很大程度上就是一种图形艺术的设计，而这种图形艺术设计具有简练、概括、抽象、完美、和谐的要求。显然数学王国里的符号之美，以及其他形式符号恰恰能够满足这一点。也正因为这样，人们在进行标志设计的时候大都会从符号之美中汲取灵感，或直接选用一些比较有艺术感和设计感的符号。不过，在大多数情况下，标志设计是人们把来源于自然、社会以及人们观念中认同的事物形态、符号、色彩等，经过艺术的提炼和加工，使之构成具有完整艺术性的图形符号，从而区别于装饰图和其他艺术设计。

因此，当我们看到各式各样的标志时，不仅能够从中看到设计者的思想倾向和审美趣味，更能够直观地感受到符号组成所呈现出来的美感。这些符号具有鲜明的形象性、艺术性和共识性，不仅遵守了标志设计中最重要的艺术规律，也在不知不觉中向人们传递出了符号之美的设计灵感。所以，在各种审美要素中，有越来越多的人把符号之美应用到各个行业和领域。尤其是在市场经济方面，符号不仅展现了它的美感，更体现了这种美感所创造的经济价值。因而，作为产品经营者，在未来的市场竞争中，一定要认清符号之美给予产品的增值、溢价能力，尤其是在产品设计和包装环节，经营者一定要特别注意。

产品的质量固然是消费者选择产品的重要因素，但是产品的设计美感也不容忽视。毕竟这是人们对该消费品最直观的视觉感受，能在第一时间产生对该产品的审美评价和判断，而有了这种审美评价和判断，才会有进一步了解以及消费的驱动力。而且，有了符号之美的设计元素，人们在消费的时候心情会更加愉悦，购物消费会更加舒畅。还有，这些包含符号之美的产品大都能够时时给人以美的享受和体验，即使是放在那里也几乎就是一件艺术品，能够给人带来美感。所以，产品设计中的符号之美是很重要的，不仅简洁而且十分具有艺术感和美的气息。

因而，在未来的市场竞争中，产品经营者一定要明确人们对符号之美的青睐和钟爱。在对产品进行设计和营销的过程中，都要尽量满足人们对符号之美的追求。只有这样，产品经营者的产品才会更有竞争力，由这样的产品构成的产业才会成为市场经济中的朝阳产业。

第三节　真正的美是不能复制的

人们常说成功无法复制，究其原因是因为，成功虽然有大致的方法和途径，但是别人成功的路径是针对某个人的具体情况，提炼出来的经验虽然可圈可点，但具体的方法和采取的措施并不一定适合你。而且，时过境迁，经验也许可以评判性地接受，而并非可以直接拿来使用。有道是成功无法复制，经验不能照搬。我们在看到别人成功的荣耀，听到别人成功的事迹后，千万不能头脑发热，盲目跟随他们的脚步。否则，别人成功了，自己则可能会一败涂地。毕竟，成功涉及众多因素，具体的奋斗实践总是因人而异，并不是放之四海而皆准的，也不能简单地推而广之。

人们对美的追求是一种极具个性化的过程，每个人心中的美都不相同，虽然其中有些普遍性的美，但是追求美的过程却是各有差异，甚至大相径庭。如果一味地模仿，不仅无法得到真正的美的效果，甚至还会向相反的方向发展，变得不伦不类。想必大家都听过东施效颦的故事。越国丑女东施看到西施皱着眉头、捂着胸口在邻里间行走的样子很美，于是也学着她的样子行走，可是没有想到，邻里之人看到了，不仅不以为美，反而嗤之以鼻，纷纷嘲笑着远远地跑开了。

可见，美丽也是不能随便模仿和追随的，毕竟每个人的身材、样貌、气质等具体情况都不一样，不同的动作、形态或者妆容套用在不同的人身上，表现出来的美丑是截然不同的。若是我们盲目地模仿，而不是在研究其妆容特点或者美的关键所在后再进行效法，那么最终的效果必然会与我们的预期有所差距，甚至画虎不成反类犬。

同时，美好和幸福的生活，也是不能够用作模板来刻画和描绘的。和其他实物性的价值相比，人们对美的体验和感受是倾向于主观方面的。不同的人对相同的美会有不同的主观感受，即使是同一个人在不同的心境和场合下，对同样的美也会有不同的体会和感觉。况且，对美好或幸福生活的追求方式及路径也是因人而异、各有不同的。我们在看到别人的美好和幸福生活时，不能一味地只看结果而忽视过程。有道是一分付出一分收获，所有的美好和幸福都是通过不懈的努力和付出才获得的。加之每个人通过自己的方式在不同的方面都能够获得不同的美好和幸福，它们之间甚至没有什么可比性，根本不能以物质生活的多寡来评判。因此，每一个努力生活、辛勤劳动的人生都是美丽的，也是幸福的。

若是我们总是看着别人的美好和幸福，投以羡慕的目光，模仿跟随，不但在追求目标生活的过程中时常会陷入迷茫，等达到预期目的后也不会有什么满足感和幸福感。到头来，猛然回头才发现，这一切其实都是徒然。因此，所有的美以及一切对美的良好体验和感受都是一种与众不同的美，是每个人以自己独有的方式来实现的属于自己的美，这种美对自身而言是幸福和美好，对于他人来说可能就不会满足。

在当下日益激烈的市场竞争中，经营者的产品布局之道实际上也是如此。企业要想成就一番事业，开辟出一片属于自己的新天地，就不能跟在所谓成功企业的后面，一味地学习他们成功的方法和途径，效仿他人的管理经验、人才选拔方法、运营模式、企业文化、成长逻辑、竞争优势、顶层设计等，甚至不加分辨地全盘照搬，直接拿来。这样“嫁接”和引入的结果必然是水土不服，学到了表面却未领悟到实质，这也正是人们常说的“海底捞你学不会”“华为你学不会”等。之所以其他企业或经营者无法模仿，是因为实现成功的路有千万条，每一条都有宝贵的经验和可借鉴的地方，但是要借鉴什么、如何借鉴却是一个极大的问题。弄不清楚借鉴和效仿的正确方式和方法，一味照搬、简单借鉴是毫无意义的。

作为产品的经营者来说，要真正成就自己的市场竞争力，就不能单单是学习，更要求能够在学习借鉴的基础上，根据自己的实际情况和现实条件总结出一套属于自己的发展运营方式和发展路径，只有把具体的经验具体分析、具体应用，学到那些成功企业实质性的核心力量和价值才有其实用性。比如，华为对技术创新的高度重视、对高校人才的严格选拔、对新入职人员的培训计划、对激励员工采用的股权制度等，看是否适合自己企业的实际运营情况。我们要清楚地认识到，再正确的科学的运营方法、管理方式、产品定位等，都需要结合当时的具体环境、企业的具体实际、经营者的具体策略、企业的具体文化，一旦时过境迁仍旧采取“本本主义”，不知取其精华去其糟粕，进行个性化的自我改进和创新，那么结果就只能是自寻死路。

赵春林和经济学专家赵立晓合影

所以，产品经营者在进行产品布局的时候，一定要清楚地认识到，真正的美是不能复制的，真正的产品竞争力也不能一味地模仿效法。要知道，产品要想形成能够产生效益的绝对竞争力，就必然是核心竞争力。而核心竞争力不是模仿和效法就能够掌握的。企业是一个鲜活的组织，有自己独立的生命和独特的个性，加上每个经营者的思想观念、经营特点、价值取向都会有所不同，因而要成就属于自己的核心竞争力，打造独一无二的产品，就非得有开创精神不可，要勇于顺应经济发展的形势大胆摸索和尝试。纵然在摸索和尝试的过程中可能会有不适应、不顺利，也要树立信心，积极地、适时地调整改变，以求成功的经验落地生根，找寻到一条真正属于自己的发展道路。

第四节 追求美好事物是人类的天性

爱美之心，人皆有之。喜欢并追求美好事物是人类的天性，这一点无可非议，也是普遍存在的客观心理现象。毕竟，长久以来的生存生活实践，使得人们养成了趋利避害的特点。而所谓的趋利避害，其实就包括了人们对美好事物的追求。也正是人们对美好事物的追求，对丑陋事物的摒弃，才一步步造就了越发美好的生活。

有道是“人往高处走，水往低处流”，人们生活的每一天，总是想要明天的生活质量和水平比现在更高一些、确立的目标更远大一些。因此，人们靠着勤奋和努力一天天耕耘、一步步付出，从而使自己的生活越发靠近理想的目标。而且，我们每个人都在为了一个理想的美好生活在奋斗着，追求美好的理想的生活可以说是人们一直以来的愿望，也是我们永远追求的目标。为了追求美好和幸福的生活，人们采取各种各样的方式和途径，根据各自的实际情况来追求。

在追求美好和幸福生活的过程中，人们难免会遇到各种各样的考验和挑战、困难和磨炼，但是真正的美好与幸福生活的获得恰恰需要这些，人们正是冲破重重考验和挑战才有所成就和建树的。所以，不管遭遇怎样的困境，人们总是锲而不舍、持之以恒地追求美好事物。毕竟，在人们的骨子里，美好的东西就有一种天然的吸引力，人们对美好的事物也有一种天然的好感，常常会给人留下美好的第一印象。人们正是受到这份美好的吸引而一步步追求美的步伐，跟随着美的节奏来安排自己的生活和成长之路。

人们对美的追求从来没有止步过，只是在不同的阶段、不同场景下，人们追求的美有所不同。有的时候，人们把温饱当作美好生活目标；有的时候，人们把拥有更加丰富的精神生活当作美好的生活；有的时候，人们把房子、车子、票子当作美好的生活；有的时候，人们把自我的充实超越、事业的成就当作美好的生活。如此种种，人们对美好幸福生活的追求和定义在不同阶段表现出不同的特点和个性，即使是在同一阶段美好的构成也十分复杂，而并非只有一种追求目标。可见，对所有的美好，人们都有一种狂热的追求，在拥有了一定的美好之后，则会追求更高层次的美好；在拥有了基本的美好之后，则追求更加多样复杂化的美好。所以，无论何时何地，人们总是在追求美好的路上，永远没有终点。

最初的时候，人们往往会把衣、食、住、行的丰足当作美好生活的奋斗目标，而且在追求这一美好的过程中，人们对美的追求还集中体现在总是把目标定位在更美的事物上，想要自己的容颜更完美一些，想要自己的衣、食、住、行等方面不仅能够满足实用性的要求，还要最好是能够更加包含有美的趋势。正因为这样，随着人们物质生活的极大丰富、生活水平的不断提高，越来越多的人开始关注整容，想要通过整容或微整容来调整和改变自己的面部乃至身材缺陷。尤其是女性朋友，她们对美的感知和追求更加敏感和重视，更是成了整容的生力军。

而在食、衣、住、行方面，人们也越来越注重美味、美丽、美观、时尚。这些方方面面的生活上的美的追求正是幸福生活的物质体现，也是人们追求美的天性最自然的流露。当然，除了这些基本的物质层面外，还有精神层面的，正如世界级短篇小说巨匠契诃夫说的那样，“人的一切都应该是美好的：心灵、面貌、衣裳”。并且，人们正当地追求这一切美都是合理的。心理精神层面的美，也是人们对美的追求的重要组成部分。人们不断追求内心的丰满、充实、完善，能够以更加丰赡的内心世界、更加强大的内心力量、更加多样化的内心体验来迎接生活中的每一天。

赵春林和太平洋建设集团董事局主席严介和合影

总之，对美的追求是人的天性，是人们在长期的生活实践中所总结和提炼出来的生活经验和追求目标。而这种深深植根于人们内心深处的天性，应用于经济消费层面，对产品经营者来说有很大的启发价值和意义。产品经营者每天都在研究消费者的心理和消费倾向，而人们对美的追求无疑是最大的也最为持久的心理倾向，无论什么时候都不会改变。因此，产品经营者一定要准确地抓住消费者的爱美之心、追美之意，并针对消费者的这一需求给予引导和满足。具体来说，产品经营者需要适时地对产品进行更新换代，以满足消费者不断增长的对美的更高层次的需求。

要知道，消费者的消费层次和水平是不断升级的，人们对美的追求这种天性会推动人们不断追求更高层次的美。因而，产品经营者一定要去除一劳永逸的经营思路，绝对不要想着靠一两款产品就能够永远地维护好与消费者之间的关系。产品经营者要能够准确把握消费者对一款产品的审美周期，要赶在消费者对该产品审美疲劳之前进行改造升级，或推出其他相关联的产品，以持续吸引和满足消费者的需求，让消费者对经营者的产品给予持续关注。只有这样，经营者才能保证自己的产品永远拥有广泛的市场，有大量的稳定的消费群体的支持。

当然，要实现这一点也并非易事，这需要产品经营者对消费者的审美周期和心理动向有一个准确的把握和判断，并且经营者也需要有足够的资源和能力，有一定的人才储备和技术资本能够适时地推出新产品，不断提升产品的用户体验，否则，就很难实现这一点。不过，经营者若是没有那么完备的条件，也可以从小的方面开始做起，在经营的产品中能够给人传递一种逐渐上升的美感，这与经营策略和营销手段是密切相关的。经营者可以根据自己的实际情况进行把握，只要掌握好对美的追求是人的天性即可，只有迎合了这种天性，才能够获得消费者的认可和肯定，赢得消费者的青睐。

第五章 美是一种产业

随着美与经济的深度融合，人们的审美观念和价值判断越来越发展延伸成为一种产业。相较于其他影响产业发展的因素来说，美是一种潜在的创造力，不仅仅能够在艺术品中得到很好的体现，也能凭此发展成为产业。而对于产品经营者和企业来说，我们要做的就是要“以美为业”，不断发掘创造美，以满足人们不断增长的对美的需求。而且，在对美进行营造和发掘的过程中，也是对产业的创造或深度挖掘，如此势必会开辟出一片新的市场经济环境，令产品在激烈的市场竞争中脱颖而出。所以，满足人们对美的需求，是产品经营者和企业进行产业开拓和挖掘的重要手段。

第一节　美是一种潜在的创造力

美是人们永恒的追求，从古至今，人们追求美的脚步就从来没有停止过。而且，人们对美的追求也在不断发展，美的内涵和价值也在不断地丰富、升级。久而久之，美不单单是美，除了能够给人以美的享受和体验外，更能够创造无限的价值，具有潜在创造力，对人类的成长和发展产生极大的推动力。也正因为这样，在人类的整个文明过程中，美从来就没有缺席过。

实际上，美与创造力有着千丝万缕的联系，在推动人类的文明进程中有着十分重要的作用。说到美是一种创造力，或许会感到有些抽象，难以理解。这时，我们不妨从简单的美的形式来分析一下。就拿意大利著名画家达·芬奇来说，众多周知，达·芬奇是欧洲文艺复兴时期的著名画家、发明家和科学家，现代学者更是称其为“文艺复兴时期最杰出的代表”，是人类历史上绝无仅有的全才。他思想深邃，学识渊博，还是建筑工程师、天文学家，擅长雕刻、音乐、发明、建筑，通晓数学、生理、物理、天文、地质等学科，多才多艺，且勤奋多产。当然，要说起达·芬奇最大的成就，还要说是绘画，他创作的《蒙娜丽莎》《最后的晚餐》《岩间圣母》等作品，都显示出了精湛的艺术造诣，也给人们留下了至美的艺术享受，尤其是《蒙娜丽莎》，更是成为法国巴黎罗浮宫的三件镇馆之宝之一。

而且，达·芬奇很早的时候就已经显露出其过人的艺术天赋，年仅十五岁就已经成长为具有科学素养的画家、雕刻家、工程师和建筑师，经常在贵族宫廷中进行创作和研究活动。据统计，达·芬奇保存下来的手稿有六千多页，这些手稿都是他非常珍贵的科研记录和研究成果，其中有桥的理论、飞行的理论等。特别是对鸟的飞行，从他的手稿中可以发现，他曾经解剖过很多的鸟，看到这些鸟翅膀的伸缩，他还尝试用不同材质把鸟的翅膀复制出来，只是后来却发现研究的方向搞错了。但尽管如此，这些手稿中或是成功或是失败的记录，都成为近百年来科学发展的基础。也正因为这样，爱因斯坦认为，如果达·芬奇的科研成果在当时发表的话，科技水平至少可以提前三十至五十年。

由此看来，达·芬奇不仅仅是个画家，更是一个科学家、发明家。而且，达·芬奇科学家和发明家的身份在绘画创作中也体现得淋漓尽致。在每一幅作品的创作中，他都不是简单地摹写描绘，而是直接把眼中所看的事物拿来作画。在达·芬奇的绘画作品中，有情感的表达、创作的灵感和令人捉摸不透的神秘感。那种瞬间存在且历久弥新的朦胧美，集中体现了达·芬奇绘画的美学思想。因此，与其说达·芬奇是在绘画，不如说是在创作作品，他的每一幅画都充满了创作的灵感，他本人也认为绘画应该和科学结合起来，也就是“绘画是研究自然和表达科学的最有效手段”。在谈及绘画的宗旨时，达·芬奇也说道：“一个画家应该描绘两件主要的东西：人和人的思想意图。”由此，他研究人的行为、姿态，并投入了大量的时间和精力去学习解剖学，以便能够更加详细地掌握人体的结构。

赵春林和中国地产大咖潘石屹研究中国地产发展趋势

显然，达·芬奇创作的绘画作品给人们营造出来的绝世美感，正是由于在绘画作品中，融入了达·芬奇的创造力。正因如此，我们越是了解达·芬奇，越是了解达·芬奇的作品，就会发现，他绝对不是一个纯粹意义上的画家，至少不只是一个画家。在绘画的王国里，他是一个真正的创造者，他所关心和研究的一切也都与创造有关，他所有的绘画作品营造出来的美感都与创造力息息相关。可见，美与创造力是紧紧捆绑在一起的。有了创造力的美感才更加具有生命力和鲜活的朝气，才能在持久的时间里不褪色、不落伍、不过时。所以，美不仅仅是人们对美的主观感受和体验，是包含了多种审美因素和审美价值的，其中的创造力就是支撑美感构成的重要力量。

不单单是达·芬奇的绘画作品的美包含着创造力，其他的美的形式和类型也有创造力的因素。毕竟，人们对美的追求是永无止境的，在追求美的过程中，人们也会创造美，并且对美的内容也加以完善和丰富，而对美进行丰富和完善的过程其实就是创造的过程。尤其是随着时代的发展，人们对美的理解和认识也越发多样化，美的形式也由简单变得越发复杂，美的韵味也渗透到了各行各业的方方面面，这其中创造力就是十分关键的推动力量。正是创造力的存在推动着美的多样化和更加丰富，而相应地，人们各种各样的美也都不同程度地包含着创造力的因素。

同时，美本身就是一种潜在的创造力，尤其是在市场经济中对企业的推动力表现得越发明显和突出。在如今竞争日趋激烈的市场环境下，各种各样的产品和服务令人眼花缭乱，产品与产品之间、企业与企业之间的竞争也日趋白热化。虽说它们各有其特色，但是通过对那些具有强劲竞争力的产品的分析可以发现，这些产品之所以能够强势碾压其他产品，且价格不菲，是因为它们的品质、品牌、品位都是有一定创造性的，它们都是在美的基础上进行营销的产品。

比如，阿玛尼之所以能够赢得广大男性高管的青睐和钟爱，很大程度上就是因为它的美已经内化成了一种潜在的创造力。我们初次接触这个品牌的

时候，或许会觉得阿玛尼的男装色调偏向灰和黑，很少有什么花哨缤纷的色彩，几乎很难把它和高端品牌、强势竞争力联系在一起。可是，细细品味就会发现，阿玛尼传递给人的是一种“低调的奢华”，它的布料上乘、工艺卓越，但是却又表现得比较低调，从而向人们传递出一种高端低调有内涵的服装特色及人文情怀。显然，这与市场上的其他产品比较来说，就是非常与众不同而具有创造性的地方。所以，要在激烈的市场竞争中站稳脚跟，绝不能像个没头苍蝇一样乱撞，盲目地与其他产品比销量、款式，而是要着力于打造属于自己的特色及包含创造力的美，这种具有创造力的美则能够为企业带来巨大的价值和市场份额。当然，这种美的创造不仅包含形式美、结构美，还有内容美等方面。独具特色的美就是最强劲的竞争力。

第二节 营造美，不仅是艺术，更是产业

在谈到美的时候，人们往往会自然而然地把它和艺术品联系在一起，认为美的直接呈现形式便是艺术，也正是艺术赋予了我们对美最为直观、最为深刻、也最为震撼的美的感知，每每看到艺术家们创作的艺术品，那种令人难以言说的美感和艺术气息总是能够让人感触颇多，难以忘怀。也正因为这样，大多数人一想到美的时候就会想到艺术。艺术美成为美的最主要的表现形式。

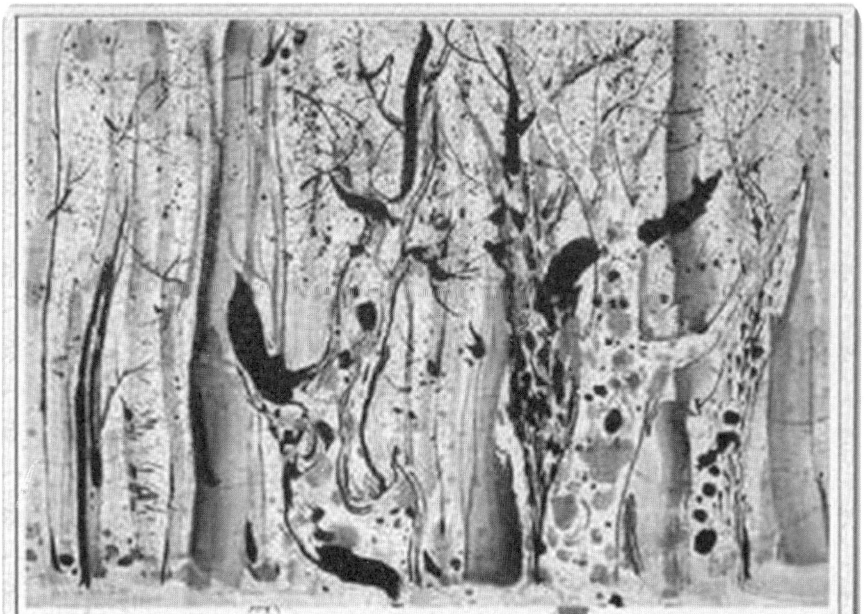

所谓艺术美，简单来说就是各种各样的艺术品所显现出来的美。这种艺术的美是艺术家们创造性劳动的产物，是艺术营造的结果。当然，从本质上

讲，艺术品中的美感也是人们本质力量和审美趣味的定向化体现。因此，在进行艺术品创作的过程中，艺术家们是按照一定的审美目标、审美实践要求和审美理想作为指引，根据美的规律和自我的审美价值判断而创造出来的一种综合而独特的美。

艺术美的营造能够给人以美的享受和体验，让人在现实生活中品味到与众不同的美。而艺术美的主要特点，它是艺术家创造性的成果，是主观与客观的统一，具有非物质实用性以及永久性。清朝著名学者、“扬州八怪”之一的郑板桥所画的《兰竹图》就是一幅极美的画作。郑板桥画竹大都一气呵成，其中一枝一叶，不论是枯竹新篁、丛竹单枝，还是风中之竹、雨中之竹都极富变化。在这幅画作里，竹之高低错落、浓淡枯荣、点染挥毫，都非常精妙，而且，其构图奇险，不拘一格，呈现出高耸入云的态势。

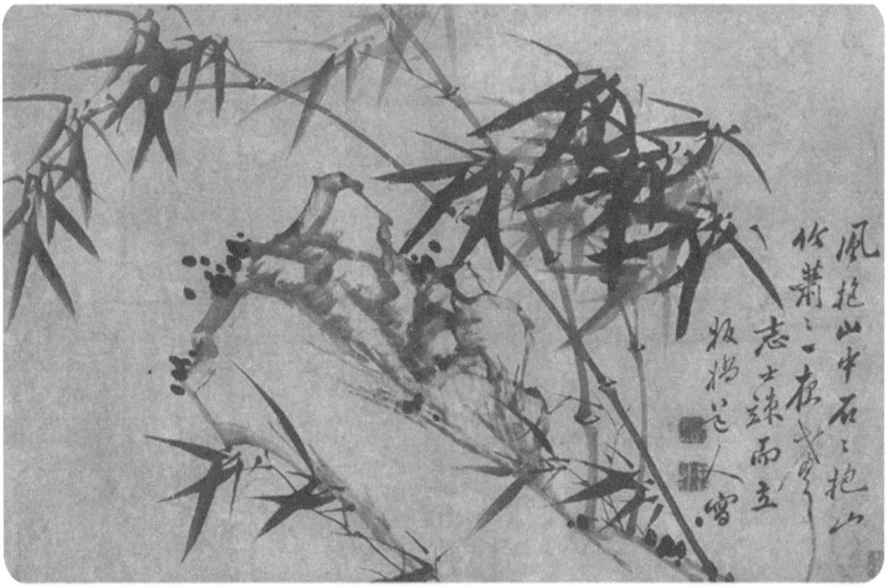

还有，郑板桥手下之竹是主客观的统一。他在总结自己画竹的体会时曾写道：“江馆清秋，晨起看竹，烟光日影露气，皆浮动于疏枝密叶之间，胸中勃勃遂有画意。其实胸中之竹，并不是眼中之竹。因而磨墨展纸，落笔倏作变相，手中之竹又不是胸中之竹也。”可见，郑板桥笔下的竹子有眼中之竹、胸中之竹、手中之竹的区别。也正是有了这种具有独到的艺术创作之美，才使其绘画作品表现出不同于一般的风骨和神韵，虽然历经千年仍然备受世人推崇，让人仍旧能够深刻地感受到画者的审美情趣和价值判断。

当然，除了绘画作品外，还有各种各样的艺术形式，这些艺术形式都能够为人营造出独具特色的美感，让人体验到形形色色的美。也正因为这样，艺术王国是一个缤纷多彩的大家园，艺术王国的美相比较生活中的自然之美、社会之美来说也更加具有深层次的美。所以，人们对于艺术之美总有一种莫名的好感和倾向，即使是无法真正领悟到艺术美的精髓，也能够深深地被艺术品散发出来的美感所折服。

而这些需要指出的是，对美的营造不仅仅与艺术品相连。纵然艺术的美能够给人一种深刻的美的感知，但是与艺术美有些相似，还能够发挥艺术之美所没有的效果的当属企业产品所营造的美感。实际上营造美并不是艺术家的专利，我们每个人在生活中追求美的过程也在对美进行积极的营造，我们对美好以及幸福生活的追求，以及在追求过程中与考验及挑战的斗争等都属于美的重要组成部分；我们每时每刻都在以自身的实际行动谱写着一首首关于美的赞歌。也正因为这样，每个人营造出来的美都是各不相同的，而这些不同的美汇聚在一起就构成了多样化的美，具有同样类属的美汇聚到一起则构成了一个群体的美。一般来说，人们往往会划分为不同的群体，这些群体具有大致相同的审美评价和判断，审美倾向也趋于一致，因而在美的王国里常常会呈现出几种不同类型的美的集群。

这种对美的倾向表现在市场经济方面，就是不同群体的消费倾向，他们对审美的价值偏向在一定程度上保持着一致性。这些群体消费者在市场经济领域，是产品经营者不可忽视的重要方面。毕竟，这些群体消费者是产品经营者和企业要想生存以及谋求发展的重要资本和前提基础。有了这些群体消费者的支持，产品经营者和企业才能够发展壮大起来，成为竞争日趋激烈的市场环境下的大赢家。

而产品经营者或是企业要想成功俘获消费群体的高度一致的审美价值和判断，就需要懂得为消费者营造他们需要的美。要知道，营造美不仅仅是艺术的使命，更是产品经营者和企业发展的重要推动力。经营者和企业若是能够准确地把握消费者的心理和审美趋向，能够做到不失时宜地营造美，那么就能逐渐发展成为一种产业，且能够成就一个具有持久生命力和极大发展潜力的朝阳产业。但是，作为经营者和企业，想要营造出符合消费者期望的美，也需要下一番苦功夫才行。毕竟，对消费者审美需求的判断和迎合是最难的。为此，经营者和企业就需要花费大量的时间和精力，投资人力、物力和财力，去仔细研究和观察消费者的审美价值变化以及当前和未来一段时间内的审美趋向和时尚潮流。

另外，在营造美方面，经营者和企业需要注意的点也不仅仅单纯地研究消费者心理，还要把消费者的心理细化到具体营造的几个方面，比如为消费者营造更加美好的生活、更加美好的环境、更加美好的家居条件、更好美好的精神享受等方面。而具体到其中的任意一个方面，又都可以细分为不同的环节，像是在营造更加美好的环境和家居条件上，就可以让经营者和企业细分出众多不同的市场热点。只要我们能够准确地把握这一细分环节，把这一环节的消费者审美倾向了解认识清楚，或者适时地引导消费者的审美取向，那么在未来激烈的市场竞争中就能够占据主动、赢得先机。

第三节　以美为业，创造它，享受它

美是这个世界上最富有表现力也最具有魅力的一个字眼，古今中外，有无数的人对美如痴如醉，为了追求美甚至甘愿奉献自己的一切乃至生命。美之所以具有如此大的魔力，其实就是因为人们心中的美各不相同，且都是心中最为向往和追求之物。这种美，既可以是姣美的容颜，也可以是美好的生活；既可以是精神的丰满充实，也可以是远大的理想；等等。因此，美的含义和范围是非常广泛的。

美普遍存在于人们的日常生活中。对于人来说，不仅有容貌美、形体美、服饰美，还有气质美和心灵美等。气质美和心灵美是一个人美的较高层次，毕竟如果一个人若只是拥有骄人的容貌和形体而缺乏修养、没有气质，那就只能是“金玉其外，败絮其中”，所谓的容貌美和形体美也就成了昙花一现，很快便会消逝。当然，在人们对美的追求过程中，所有这一切美的形式都是值得肯定的。

关于美与生活之间的关系，俄国著名作家、批评家车尔尼雪夫斯基曾下过这样一个定义："任何事物，凡是我们在那里看得见，依照我的理解，应当如此生活，那就是美的；任何东西，凡是显示生活或使人们想起生活的，那就是美的。"可见，美与生活有着千丝万缕的联系，甚至可以说美就是生活。实际上，美也确实是从生活中提炼和概括出来的人的主观感受和体验。人们凭借自我的审美评价和审美判断以及社会主流审美观来对美的事物做出选择和评判。但是，不同的人对美的感知和体验是不同的，这也构成了生活中不同形式和韵味的美。也正因为这样，生活中的美是丰富多样、极富变化的，每个人在生活中都能够根据自己的需要和审美追求，寻找属于自己的美，并且以理想中的美好生活为目标，最终创造它并且享受它。

当然，美还体现在人们所创造的一切有益于人类和世界的事物之上，音乐美、绘画美、雕塑美、建筑美等。人类开创着生活，于是便创造并推动了美的发展。而只有在真正的生活中，才会有真正的美，毕竟生活是一切美的源泉。在汲取生活灵感的基础上，人们用自己的行动在前进的道路上追求自己想要的美，并创造在这一过程中令人赏心悦目的事物。因此，人们对美的追求其实就是不断地去创造美并享受美的过程，而当人们的一个短期美的目标达成后，又会向另一个美的高度进发。

也正因为这样，人们在生活中用眼睛去发现美，用思想去理解美，用灵魂去追求美，用双手去创造美，用身心去享受美。美好幸福的生活其实就是以美为起始不断追求的过程。在这个过程中，美在不远的前方，也在眼前、身边，只要我们能够有体察美的眼睛和心境，那么所有的一切都能够成为美，成为人们追求和向往的东西。可以说，美是人们生活最重要的主题，是热爱生活的人们持久的追求目标。在生活中，正是因为有了美和对美的追求，人们才延伸出了各种各样的行动，使得生活有了朝气和生命力。

因此，在竞争日趋激烈的市场环境下，产生了专门以美为业的产品经营者和企业，他们从美的视角出发，满足广大消费者对美的需求，因美而生、以美为业，从各个方面打造消费者的美丽幸福生活，使得人们对美的追求越来越多样化、层次化。要知道，消费者对美的追求是永无止境的，也是各有差异的，因为满足消费者对美的需求的产业具有良好的发展前景，且具有十分广阔的细分领域，它甚至包括与人们生活息息相关的方方面面，只要与人们对美的追求相关的，都可以拿来发展成一种刚需产业。如今，人们对美的追求已经与以往注重追求物质生活的充实有所不同，在衣食温饱得到基本解决后，人们已经把对美的追求放在越来越重要的位置上，甚至成为人们今后主要的生活目标和方向。

不过，有了人们越来越多样化、复杂化的美的需求，还需要产品经营者和企业能够针对消费者的这些需求以及自己有限的资源，进行合理恰当的安排，从而满足消费者对美的需求。而要做到这一点，就需要产品经营者和企业能够准确的判断和把握消费者的审美需求，对美的时尚、潮流有相应的掌握，用实际的产品来体现并满足消费者对这种美的需求。如此，就需要产品经营者和企业对消费者、对市场经济走向、对主流消费时尚追求投入大量的时间和精力进行分析和研究。只有这样，产品经营者和企业才能为消费者营造出有市场需求、才能得到消费者认可的美，使得消费者积极主动地去为这种美的产品或服务买单。比如，“因美而生、以美为业”的美图公司就是这样一种为消费者创造美的产业。

相反，如果产品经营者和企业不能及时觉察消费者对美的需求，不能及时引导并满足消费者对美的需求，总是一味地走自己的老路，忽视甚至放弃对市场的研究，那么其经营的产品终有一日会走入穷途末路，或者在激烈的市场竞争中被那些积极上进、有敏锐市场眼光的产品或品牌打压下去，最终惨淡收场、被淘汰出局。所以，作为产品经营者和企业，要想自己的产品在激烈的市场竞争中拥有强劲的竞争力，稳稳地把竞争的主动权掌握在自己手里，就需要懂得主动出击，不断满足消费者对美的追求，适时创造美，给人以美的追求和目标，为消费者竖起一个标杆，让消费者朝着这个标杆在自己运营的产品中进行选择消费。

第四节　满足美的需求，就会不断有新型产业产生

美是人们生活的重要着力点，也是人们持之以恒所要追求的目标。人们在生活中拼搏奋斗，工作中兢兢业业、不辞劳苦，其实最终都是为了满足对美的需求。而对美的需求又包含人们物质和精神上的一切对美的诉求，在不同的层面上人们都会有属于自己的追求美的目标。因此，人们对美是无法停止追求的。尤其是随着社会经济的进步和发展，人们对美的追求也有了更高的要求和更加多样化的目标。

实际上，正是人们在对美的追求中，实现了人类社会的进步和发展，促使了各行各业的繁荣，正如马克思所说：“社会的进步，就是人类对美的追求的结晶。”可见，对美的追求在人类文明发展的历史进程中扮演着举足轻重的作用。早在远古时代，人类的祖先还只能用兽皮来遮体，但是值得注意的是，他们除了要求兽皮能够保暖之外，还要求兽皮穿起来应该轻便、合体，这就是人类最初的较为原始、低级且无意识的对美的需求。也正是这种潜在的需求一步步升级转化，人们才逐渐对服饰有了更多、更高且更具有目的性的审美要求。

在人类演变和发展的过程中，人们对美的追求不断升级丰富，美也经历了一个由简单到复杂、由基础到较高层次推进的过程。在这个过程中，自然的美、世界的美、人体的美、人性的美、未知的美、传统的美、现代的美等，都是美的重要组成部分。这些不同类型的美大都有不同的审美对象，或者同一个审美对象包含不同方面的审美情趣。所以，满足人们对美的需求是一个不小的工程，要想做到这点，确实需要我们下一番苦功夫才行。

人们对美的追求是永无止境的，追求的美也会因为时间的变迁而发生或多或少的变化，在我们追求美好的过程中，也会有一些细微的美让我们心有所属。实际上，最终的对美的追求，也就是由每一个小小的对美的追求组成的。我们一步步实现了预定的小目标，或是前进的每一步，都是为了最终走进美的伊甸园。可见，我们最大的最为持久的需求便是对美的需求。正是在对美的需求中，我们一步步地战胜艰难险阻，直面考验和挑战，逐渐拥有了我们想要的美好生活。

当然，美的需求也是十分丰富的，不同的人在不同的时间有不同的美的需求，同一个人在不同的场景下美的需求也会有所差异。而且，美还是一种追求和创造，这也使得美的内涵更加丰富、更加多样化，不过对美的追求和创造其实就是对幸福生活的孜孜以求。人们对生活美的需求就是如此多样且善变，因此，对满足人们美的需求也提出了更高的要求，有了更为严苛的标准和条件，毕竟我们每一个人对美的需求把握起来是十分困难的。

需要指出的是，对人们美的需求的满足，是产品经营者和企业得以生存和发展的重要基础和条件。在现实的市场经济环境下，我们仔细观察和研究也会发现，人们对美的追求与创造对推动社会发展起着极其重要的作用，使得产品经营者和企业的竞争力大大提升。

最为重要的是，随着人们对美的需求日益丰富和多样化，为了满足人们对美的需求，也使得产品经营者和企业有了更多的经营思路和投资布局方向。要知道，人们对美的需求变得更加丰富了，那么迎合并满足这种美的需求的产品以及相关产业就要及时地提供出来填补这一市场。因此，满足美的需求，就会不断有新型产品和产业出现。毕竟，有了新生的需求也就有了新型的产业和产品，这是市场经济发展的规律，也是产品经营者和企业生存和发展下去的关键。不容置疑的是，一个产业或一件产品无论如何都是有其生命周期的，一旦因循守旧，不懂得积极开发和引导消费者多样化的审美需求，或积极满足消费者不同类型的对美的需求，那么产品经营者和企业的产品就会逐渐僵化，被市场和消费者淘汰。这是一个优胜劣汰的社会，市场经济中的竞争更是如此。要适应日趋激烈的市场环境，在未来的竞争中争取有利位置、赢得先机，就必须把满足消费者对美的需求放在首位，仔细研究和分析消费者对不同的美的需求特点，从而及时布局相关产品、开辟相关产业。唯有如此，产品经营者和企业才能够立于不败之地。

比如，当人们对容颜有了更高的追求时，经营者就需要积极立足于消费者的具体需求进行研究分析，并有针对性地进行调整，以迎合消费者对容颜美的需求。当然，在这种需求的强烈刺激和引导下，市场上必然会涌现一批与此相关的产品或服务，从而形成一个新兴的产业，并吸引走其他产业中的一部分消费者。除了容颜美的需求会衍生一系列的相关产品和服务，形成美容产业或整容产业外，人们其他方面对美的需求也是如此，当人们有了某种需求，并且这种需求日益扩大成为一种市场需求时，必然会催生出新的产业。

精明的产品经营者和企业往往会在消费者有了某种需求之后，甚至还没有某种需求时，就积极地激发、引导并满足这种需求，从而引导消费者的消费行为，成为新型产业的领先者。所以，在人们对美的需求日益多样化和更加丰富的时代背景下，产品经营者和企业一定要把握好时机，准确了解和洞悉消费者的审美需求，从而及时布局、率先引导、积极开拓，只有这样，我们才会成为市场经济中的大赢家，抢占经济产业布局的制高点。也正因为这样，我们看如今的具有强势竞争力的企业，每隔一段时间就会针对消费者的新需求推出相应的产品，在该行业中频频抢占先机，使得消费者倍加推崇和期待。

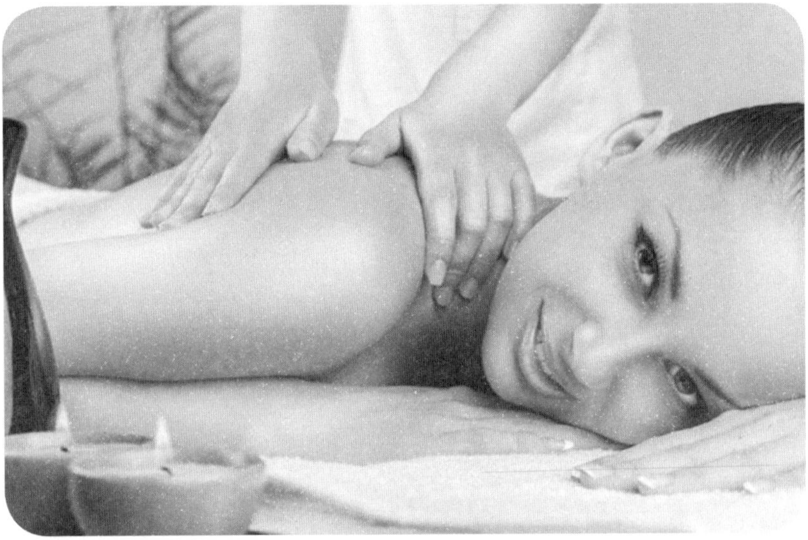

第五节　美的创造过程就是产业挖掘过程

美是一个具有丰富内涵和韵味的字眼，对人们美的需求的满足能够刺激一些新型产品和产业的涌现。但需要注意的是，美不仅仅是追求，更是创造。甚至可以说，追求美是终极目标，而创造则是在追求过程中的一步步实践，正因为有了创造力的推动，才促使美不断升级丰富，才使得市场经济环境更加多元化，才使得人们的物质和精神生活更加丰富。

实际上，美的创造是创造主体依据美的特性和规律自觉地从事美的生产与创造并发现和纳入审美对象的一种精神创造活动。而美的规律就存在于面对自然的物质生产、面对精神生活的精神生产和人类自身再生产三大领域之中，是人类社会的实践活动发展到一定阶段和水平的基础上才产生和发展起来的。在人类发展和演变的过程中，人们为了满足自身的物质生活需求，不断地对大自然的获取物进行改造、发明，以满足不断发展的实用性需求，也为了满足人们在生产劳动中对自然界中美的向往和追求。

在大自然中，存在各种各样、千姿百态的美，这些美是各种自然物体本身的内容所展现出来的美。其中，纯粹自然没有经过人类主观意见加工的美自然质朴，是人们最早的审美对象。而随着人类社会的发展，思想认识的加深和拓宽，人们对美的要求也越来越严格和广泛，不再仅仅局限于大自然中自然的美，而是更自主地在主观创造性的驱使下，开始加工创造属于自己的美，使得美的形式和类型越发多样化、人性化。这也就是人们在早期生产劳动中赋予生产要素和劳动产品的美。这种美兼具实用性功能和审美趣味。

随着人类实践活动的逐渐深化、社会变革的逐步推进，人们除了对实用性工具有审美的创造性需求之外，更有了对社会美的要求，由此创造了一系列美的形式。其中，表现得最为明显的就是人们对于自身的美的关注和创造。首先是行为美，随着人们礼仪、审美的需要，容颜、服饰、仪表、姿态等方面都有了一系列美的标准和规定，尤其是不同阶层的人们对这些方面的美的要求是不一样的。在等级明显的奴隶社会和封建社会，上层阶级的人们更加注重对这些方面美的要求，也由此在社会上产生了诸多关注服饰、仪表、容颜的生意或产业。不过，对于下层民众来说，这些美是上层阶级独享的，他们更多的还是停留在衣食温饱方面，对审美的要求没有太多，物质生活的贫瘠也没有让他们进行美的追求和创造的前提条件。

随着物质生活的丰富和发展，人们对美的要求自然而然也就产生了，毕竟爱美是人的天性，对美的追求是人们想要改善生活的强大动力。人们在生活和工作中，为了营造更加美好及幸福的生活，积极地追求美、创造美，生发各种各样对美的需求，不管是在基本的生活物质设施上，还是日常工具的使用体验，以及衣食住行吃喝玩乐等方面，都有了越来越细化的对美的要求。而在这些越发细化的审美要求下，也陆陆续续出现了迎合这些需求的相关产品及产业，在固有的产业内部也对此进行了深度的挖掘与开发，使得产业下的产品也越发丰富化、多样化、细致化。当然，除了这些实际物质层面上的，还有精神上的、心灵上的。相比于物质上的美的创造，精神、心灵上的美的创造更能够成就一个人丰富饱满的内心世界，塑造一个能够绚丽绽放的美好心灵，以便人们收获一笔不小的精神财富，内心越发丰富完善。

赵春林在人民大会堂贵宾厅

比如，人们对艺术美的追求就是如此。艺术美是由人们的形象思维、情感思维、抽象思维共同构成的思维，是直觉、灵感产生作用的过程。各种各样的艺术品总能给人以审美的享受，让人在精神上或心灵上得到艺术的熏陶，感受到创作者所传达出来的审美情趣和追求。而且，艺术美相对于其他美的形式来说更加体现了美的创造性。这些艺术品的美直接孕育于艺术家不同的艺术风格和审美价值，是艺术家审美创造的结果，其美感有一种与众不同、区别其他艺术的个性和格调。也由于艺术品的这种独创性的美，使得艺术王国里呈现出千姿百态的绚丽，也催生了与艺术相关的一系列产品和产业。

同时，美的创造体现在市场经济环境下，更彰显出了强劲的生命力和市场价值。所谓创造，即是一种新的东西，能够满足人们不同寻常的要求，或者能够让人们在使用时获得更加完美的使用体验，获得更好的精神和心灵享受。所以，创造本身就是一种美，在创造的过程中，人们需要做大量的准备工作，投入大量的时间和精力，持之以恒地专注和钻研。显然，这是一种付出的美，是一种辛勤投入的美。甚至可以说，它比创造最后的结果所带给人的美感更让人感动。但是，要说起创造的功效还是要看结果，这些创造出来的美的形式和功用，能够让人们不管是在生活还是在居家等各种环境下，都能够把对美的感受和体验提升到一个新的高度。也正因为这样，创造是美的生命力的源泉，是产品经营者和企业得以生存和发展下去的关键支撑和重要力量。

因此，各个经营者为了应对未来日益激烈的市场竞争，在市场经济环境下获得更大主动权和自由，便纷纷把重点放在了对美的创造和引导上。要知道，一味地迎合消费者对美的需求是远远不够的，这样只能让经营者跟在消费者的后面亦步亦趋，缺乏主动。事实上，经营者和企业要做的应该是在研究消费者审美需求的基础上去创造美、引导美，深度挖掘自己的产品资源，拓宽自己的产品服务渠道和范围。只有这样，经营者和企业才能始终走在消费者的前面，成为美的引领者，牢牢地把主动权攥在自己手里。

人们在追求和创造美的过程中，也会生发对美的新的需求，这也要求产品经营者和企业能够及时准确地把握住这一点，在掌握人们对美的新的创造需求的基础上，及时进行产品或服务的深度挖掘，推出相应的新的产品或服务。所以，不管是产品经营者和企业自身发展的要求，还是广大消费者对美的创造的需求，都需要我们不失时机地进行产业的深度挖掘，对美的相关产业进行深化和细化，研发新的产品，推出新的服务，开辟新的产业，以便在激烈的市场竞争中能拥有主动权，永远立于不败之地。

第六节　品牌建立在美的基础上

品牌对产品经营者来说是一种无形资产，能够为产品带来极大的溢价，产生增值效应。尤其是随着市场经济的发展，一个强有力的品牌将直接决定着其在激烈的市场竞争中能否赢得一席之地，站稳脚跟。要知道，在未来的市场经济环境中，竞争将越发激烈，产品与产品之间的比拼不仅仅是质量，更重要的是品牌。

严格来说，品牌是产品经营者和企业的一种识别标志和精神象征，最首要的体现就是具有辨别商品和企业的作用。它凝聚着产品很大一部分的附加价值，不仅可以标示产品，还能够为产品营造出一种精神上的氛围，使得产品不仅仅是实用意义上的商品，更具有了一种人性的气质和感觉。在激烈的市场环境下，品牌已然成为企业竞争的重要力量，如今已经是一个品牌营销的年代，品牌价值是企业价值中最重要的组成部分。一个好的品牌可以让产品经营者和企业在面对竞争对手时形成明显的差异化优势，使得企业拥有自己的独特性和可识别性。在今后产品越发同质化的时代，这一点对于企业发展至关重要。

赵春林和中国品牌专家梁中国研究国家品牌发展战略

品牌的独特性和可识别性也是企业和产品经营者在市场中进行各项运作的身份证明，是发展的基础，是形成竞争力的集中体现。况且品牌的差异化也能够让消费者在众多的产品中引起足够的注意和重视，给消费者留下深刻的印象。一旦品牌运营良好，就能形成强大的市场竞争力，成为促进消费者购买消费的动力。要知道，随着物质生活的丰富、经济水平的提升，如今普通消费者的品牌消费意识已经越来越强烈，人们对品牌的青睐和认可已成为一种常态，因而品牌一旦建立并被消费者认可，那么产品的市场将会得到极大的保障，消费者就会主动地选择该品牌的产品。

品牌具有极强的溢价能力，能够为产品经营者和企业带来丰厚的回报。随着制作工艺的提升，同类产品在质量上的差异会越来越小，可是品牌却能够极大地拉开同类产品之间的价格，甚至使得质量差不多的产品在价格上出现天壤之别。这就是品牌的附加价值和溢价能力，除了产品本身的价格之外，品牌价值产生的价格占据了很大的一部分。因此，品牌的溢价效应可以让该产品的品牌价值得到飙升，形成一种无形的品牌资产，从而带来更高的规模效益，扩大市场需求，使企业收益大幅度增加。这也是为什么很多大牌产品定价高昂的重要原因之一。

我们不得不说，品牌才是一个企业最可靠也最持久的资产，它强大的竞争力和溢价能力是产品经营者开拓市场、获得盈利的关键力量和重要支撑。还有，品牌后期产生的附加值不仅包括品牌积累的声誉和形象带来的溢价能力，还会逐渐形成企业的一种文化理念和产品定位，这种文化理念和产品定位又会逐渐渗透到社会的主流价值观中，以一种不知不觉的方式来影响和左右消费者的消费行为，使得消费者被该产品的品牌理念所吸引并获得认可，成为该品牌的忠实消费者。因为有了品牌的企业就会无形中在消费者心中留下某种认知，这种认知与了解会随着品牌建设不断积累，最终形成不可磨灭的印记。

但是，品牌声誉和形象的塑造也不是一蹴而就的，品牌建设是一个漫长的逐渐积累的过程，在这个过程中会涉及品牌命名、定位、升华、延伸以及保护开发等一系列问题。不过，一个品牌要走向市场参与竞争，形成竞争力的一个首要条件就是要弄清楚目标消费者是谁，消费者的心理需求和审美价值判断如何，并以目标消费者为对象，以美为基础，通过品牌名称将这一目标对象形象化，将其形象内涵转化为一种形象价值，从而使这一品牌在市场中有清楚的对象，产生持久的营销力。

为此，产品经营者和企业在进行品牌建设的时候，就要注意品牌的竞争力是建立在美的基础上的，消费者的审美需求和消费感受、观念，是品牌建设的重要支撑。只有以消费者的美的需求为基础，才能够让消费者接受和认可，消费者在消费该款产品的时候，才能够产生某种切身的心理感受。比如，“舒肤佳”这一个人清洁护理品牌的建立就立足于美的基础，从品牌的命名上就已经给了消费者切实的美的感受和体验，而且从这一品牌名中也能让消费者对产品有直观的评价和认知；再如，“娃哈哈”把产品的一种祝愿、希望和消费情感与儿童很好地结合在一起，也体现出了恰到好处的美感。

赵春林在签名赠送《关键在于落实》

当然，这还只是在品牌的命名和功用效果上，在品牌产品的其他具体形式方面其实也是如此。尤其是市场定位，要知道产品或是服务进入市场，首先需要的就是品牌市场定位。这种定位能够帮助品牌与消费者之间找到共同语言，并以此来说服和赢得顾客，而这种共同语言最根本的就是产品会服务于消费者美的需求的满足。消费者能够在产品或是服务中产生了美的感知，或在美的感受和体验方面获得了某种共鸣，那么消费者就会对该品牌形成一种心理推崇，在心里对该品牌的产品或服务产生认同感，从而更加主动地消费该品牌的产品或服务。这也是品牌能够积累知名度的一个重要途径。

另外，一个好的品牌是高质量、高知名度的代名词，是巨大的无形资产和最佳经济效益的载体。而这种载体不仅包含了产品的标示和企业的文化及定位，包含了要传达给对消费者美感的满足，而且品牌本身也是极富美感的存在。这一点在品牌设计的时候，我们能够非常形象地感受到。这种极为简洁、高度概括的标志本身就是极富美感的，让人们看到的时候就能够产生一定的审美体验。

由此可知，品牌本身以及品牌竞争力都是建立在美的基础上的。产品经营者和企业要想在未来的市场竞争中争取到最大的市场价值，让自己的产品或是服务能够更好、更多地为自己带来丰厚的回报和收益，那么就必须注重品牌的建设，其品牌价值和品牌效应会为经营者在市场竞争中赢得更强劲的竞争力。而建立品牌最重要的一点，就是要建立在美的基础上，立足于满足消费者对美的需求，如此品牌才能保持旺盛的生命力，形成巨大的市场价值。否则，一旦缺乏消费者对美的需求，那么也就得不到消费者的认可和肯定，自然也就无法形成属于自己的竞争力。

针对企业竞争的情况，阿里巴巴创始人马云曾经说过：今天很残酷，明天更残酷，后天很美好，但是绝大部分人都将死在明天晚上，只有极少数人才能见到后天的太阳。而实际上那些能够坚持到最后的企业大都是拥有自己强大的品牌优势的，品牌对于企业的核心竞争力有着重要的作用。而打造品牌追根究底就是在打造美，打造人们对美的需求。

第六章 青山遮不住——美的潮流

美是人们对人、事、物的审美观念和价值判断，一旦形成就具有一定的稳定性，但是人们的审美评价和判断也常常会受到诸多因素的影响，从而发生变化或细微的调整。其中，对人们的审美评价影响最为直接的莫过于美的潮流发展了。美本身是有其发展变化规律的，虽然真正美的事物永远都会流行，全世界都在为了美的营造而发掘美、发现美并创造美，但是人们对于美的感知是有选择性的。作为产品经营者和企业要想把握住消费者的审美需求和美的潮流，让美成为未来最为强劲的竞争力，就需要极力探索和发掘美的潮流和真正美的需求，并做到及时地迎合潮流和需求。

第一节　美在岁月中进化、凝结、流传

变化是永恒的，世界上从来没有一成不变的事物，这是自然发展的规律，也是历史给予我们的经验，非人力所能抗拒。也正是由于这样，沧海桑田，世事变迁，原本的一切经由时间的消逝都会改变模样，成就一番新的境况。当然，在所有的这些变化中，美的内涵和价值也在随着人类的发展进步不断地发生着变化，它在岁月中不断地进化、凝结、流传，使得美的内涵不断延伸，美的概念以及范围也逐渐拓展开来。而且，随着思想认识的加深、观念态度的变化，人们的审美情趣、审美价值和审美判断也都发生了不小的变化。原本美好的事物并不一定现在就是美好的，原本不美的东西如今也并非仍旧不美。在时间的流逝中，美只是一个相对的概念，有很大的弹性空间和延展性。

最初，人们对美的需求是非常薄弱的，远古时代的人们几乎没有什么审美的主观意识，最初的美最多也只是在粗劣的兽皮衣物上增加一些挂饰，或者对兽皮依照人的身体做出适当的裁剪，从而更加有利于人们的行动，也使得人们看起来更加具有美感。除此之外，远古人们对美的最直接的感受就是大自然的山川河流、自然风物了。不过，这些自然的美呈现在人们的面前，也并不是一开始就存在的。这是人们在劳作之余，思想认识发展到一定阶段才发现的美，虽说自然之美客观存在，但是审美主体的审美意识当时若没有萌生，那么审美活动也不会产生。

随着人们日益从繁重的体力劳动中挣脱出来，有了更多的时间和自由，也有了更多的精力和闲适心情来审视周围的一切，美的发现越来越多，人们的审美评价和判断也越来越丰富，对周围事情的好坏美丑都有了自己的审美，对美也有了更加清晰的追求和目标。加上受到教育和社会的一系列影响，人们逐渐积累了一定的审美经验。美在人们的生活中成为了一种司空见惯的事物，但是随着美的内涵越发丰富，美也有了各种各样的形态，表现出了有高有低、有远有近的层次。有的美是触手可及的，有的美则需要花费大量的时间和努力才有可能获取；有的美是对基本生活要素的审美，有的美则是针对精神世界的丰富和完善。

这些多样化的对美的需求，使得人们的生活变得越发多姿多彩。而且，不同性别、不同年龄、不同身份、不同地位、不同职业的人对美的需求都会有一定的差异，他们心中的美或关乎个体美丑，或关乎身价几何，或关系职位晋升，或关乎幸福与否，这些对美的需求有时还会随着时间、地点以及场合的变化而变化。同时，在追求终极美好的过程中，还有对阶段性美好的追求。这些阶段性的追求使得人们对美有了更加丰富和多样化的认识和理解。美的形式和类型也经历了一个筛选沉淀的过程，有的美昙花一现，被人们一时追捧便退出了人们审美的舞台；而有的美则历久弥新，即使是经历长时间的演变，人们对它仍旧十分热衷。

大浪淘沙。随着时间的消逝，美在一代又一代的人们的审美观念中进化、凝结并流传。比如，在唐代，人们的审美观念是以胖为美，认为女子的美应以丰腴为上。可是后来随着唐王朝的兴衰沉浮和人们审美观念的潜移暗换，唐代流行的以胖为美的审美观逐渐变成了如今的以瘦为美，讲究身材的健美苗条。据《东周列国志》记载，当时的楚王好细腰，把所有的粗腰之人无论男女都视为眼中钉，由此人们纷纷以细腰为美。同样的一个例子就是女子缠足，这个伴随中国妇女千百年的噩梦，最初就是起源于南唐后主李煜对于小脚的爱好，以至于后来人们竞相效仿。

赵春林在毛泽东家乡农田插秧苗

在社会向前发展的过程中，每一次权力的更迭也都会带来审美领域的一次大变化，这在很大程度上是出于统治者的审美需要和政治需要。比如，古时人们对长辫子有特别的审美偏爱，而如今演变成为人们对短发的审美倾向。可见，一种审美观念在产生、发展并为人们所适应之后，它并非稳定不变的，而是可能面临一个被遗忘甚至消亡的命运。从历史的横向对比来看，人们的审美还会受到民族性、地域性、阶级性等方面的影响，人们对美的需求或者说是审美评判是多变和多样的，它受到太多因素的影响，很多美的形式很难保持长久的稳定。

不过，无论是形成还是遗忘一种审美观念或审美价值都需要较长的时间才能实现。有时候，我们还没有察觉就已经被某种审美观念所折服，身陷其中，成为审美主体中的一员。就像我们现在常说的“时尚”“潮流”，这种美的影响对人们的影响是最为直接而又十分迅速的。尤其是在服饰妆容方面，受时尚和潮流的影响最为明显，比如人们从“喇叭裤”到“健美裤”的变化，其实就反映了美随着时间流逝而不断变化的情况，我们也能够很直观地感受到时尚和潮流对美的影响和驱动。另外，人们审美的变迁还会受到其他多种因素的影响，比如环境、心理等方面。

有道是“一千个读者，就有一千个哈姆雷特”，在各种或主观或客观因素的影响作用下，每一个具体的时代、每一个具体的人，其审美观念都是千差万别且不断发生变化的。人类发展至今，美早已经由单一性日益趋向多元化，审美的个性更是不断地变更、凝结、延续。为此，作为产品经营者和企业，要想在未来的市场竞争中赢得更多消费者的认可，在竞争日趋激烈的市场竞争中占领制高点，就需要懂得顺应不断发展变化的美，懂得及时满足人们对美的需求，以美的时尚和潮流引领美的方向，让消费者紧紧跟随我们经营的产品或服务。只有这样，产品经营者和企业才能保证在市场中有坚挺的地位，随着时间的流逝不断开创新的产业和经济热点。

第二节　美是未来的竞争力

美是不断发展变化的，我们很难用以前的标准来衡量和评价如今的好坏美丑。而且，随着审美观念和审美价值的变迁，美的内涵和判断也在不知不觉地发生一些改变，使得人们随着时间的流逝对美有了新的认识和理解，对美的追求也有了更多的实现途径和方法。但是，美有不断发展变化的一面，也有恒久稳定的一面，比如在我们与古人进行“对话”的时候，能够与古人心有所通的，不是别的，恰恰就是美。

像对唐诗、宋词之美，古今之人的感受和认知大致相同，对美的欣赏和追求也能够产生心灵的共鸣。实际上，美便是存在于人类心中的这样普遍

存在的情感，这份普遍的情感能够让我们对真正美的事物产生大致相同的感受，不管历史如何变迁，这种美仍旧能够历久弥新，给人带来不同寻常的震撼和触动。要知道，人们除了逻辑、推理和计算，还常常要靠体验和直觉来感知和把握世界，认识和探察世界。而所谓的审美，其实也就是人们靠着直觉来提取优化信息的能力，这种能力恰恰就是未来最具有竞争力的。

在最初的远古时代，人们为温饱奔波劳碌、打猎耕种，以便能够满足基本的物质生活需求，能够衣食无忧，虽然人们的心中也已经萌生了对美的渴求，但是在当时的经济条件下，人们更多的是追求更加实惠、便宜、实用的东西。当美和实用性发生冲突的时候，人们会果断地放弃美，而选择实用性。毕竟，实用性是人们能够生存下去的关键，而美则无关紧要，美的感受必须让位于吃饱穿暖。可以说，这时美在人们心中只是一种附属物，居于生存的次要地位。

但是，随着人类的发展，物质生活的丰富，经济社会的繁荣，人们对温饱等基本的实用性的要求逐渐降低，加上市场上能够提供给人们消费的各种各样的实用性产品很多，可选择性很大，于是人们在进行消费购买的时候，逐渐从价格战一味地强调价格便宜实惠中解脱出来，而追求更高层次的领域，这个所谓的更高层次其实就是对美的追求。也就是说，人们对消费品的选择，不是要求最便宜的，而是要求更美的。美的参考因素，在人们的消费行为选择中所占的比重越来越大。

当人们物质财富得到极大的满足后，人们越发把奋斗和争取的目标放在了对美的追求以及提升幸福感上。毕竟，随着物质财富的极大满足，有越来越多的人被各种各样的心理问题所困扰，物质财富虽然越来越多，但是精神世界却越来越贫瘠，对美以及幸福的感知度却越来越低。因此，人们更多地发现美、欣赏美、追求美，对美的需求和渴望成为一种刚需。要知道，懂得发现美、欣赏美，内心世界往往会非常丰满充实，他们会更容易感受到生活的美好和幸福，哪怕是一朵花的开放、一杯茶的清香、一个房间的优雅布置等，都能够让人心生愉悦，感到无比舒畅。因此，他们随时随地都能够感受到美和幸福，甚至自己亲手打造属于自己的美和幸福感。

这是一种美的生活方式，也是在经济社会得到极大发展之后，人们对内心世界的回归。当然，在如今的市场经济环境下，即使是物质财富没有达到一定层次的，那些处于底层的工薪族，对美的追求和渴望也非常强烈。虽然看起来他们每天忙忙碌碌都是为了升职加薪，获得更多的物质财富，可是他们真正的诉求却是赢得更加美好和幸福的生活，他们正是用自己双手来创造美好和幸福的人。他们常常会在追求美的过程中设置一些阶段性的目标，每完成一个目标就会无比欣喜。在日常的生活中，他们也更加注重对美的感知，他们不是一味地追求财富，他们在生活以及工作中的幸福感非常强烈，纵然在这个过程中，他们会遇到一些挫折和磨难，但也不会轻易放弃对美的追求。

可见，美是支撑人们前进的重要动力，也是未来市场经济环境下最重要的竞争力。蔡元培曾说：“美育可以代替宗教，美育是最重要、最基础的人生观教育。”可见，对美的教育和培养是多么重要。我们甚至可以说，在三十年前，不能识字读书的人被称为文盲；在十年前，没有中学毕业的人会被人称为文盲；而十年后，对美没有起码的认知和感受，缺乏必要的美的眼光和品位，也会被称为文盲。因为未来社会是一个审美的社会，对美的敏感和追求可以让每个人都获得更加有品质和品位的生活。相反，如果对美缺乏感觉，不懂得审美，缺乏必要的审美观念和价值判断，那么物质财富再丰富也会生活得一团糟。

也正因为这样，随着人们认识的加深，人们对美的追求越发强烈，对各种各样的美都充满了好奇和渴望，不管是衣食住行还是其他生活以及工作中的方方面面都在极力地追求美，美也就成为了越来越多人的追求目标，有了越来越大的市场需求。显然，这对于产品经营者和企业来说，是一个不容忽视更不容错过的契机。如何满足人们不断增长的审美需求，如何迎合并引导人们方方面面对美的追求，将直接关系到经营者和企业在今后市场中的位置。毕竟，如今不管是任何需求和消费，已经越来越和美难以摆脱联系了。经营者和企业看起来是在销售产品，实际上则是在销售美、幸福和理想。

赵春林在“复兴商界的中国精神”论坛上演讲

就拿饮食来说，人们考虑的不再是吃不吃得饱，而是在考虑怎么吃才健康，吃什么才更有品位，哪家餐厅提供的服务更好，餐桌怎样布置才更有情调，等等。就拿穿衣来说，人们越来越考虑的不再是穿不穿得暖，而是在考虑怎样穿出美感、穿出个性，而且更加彰显气质和魅力等。当然，人们在其他方面对美的追求也大致如是。我们不难发现，在未来，美的营造和满足将成为摆在产品经营者和企业面前的一大问题，美将成为未来最重要的竞争力，谁拥有了这种竞争力，谁就能在未来激烈的市场竞争中稳操胜券、步步为营，否则，按部就班、因循守旧势必被市场淘汰、被消费者遗弃。

第三节　人类在发现、创造美中发展

发展是一个永恒的话题，人类的历史进程就是一部血泪的发展史。而在这个发展过程中，美从来没有缺席过。换句话说，人类就是一直在发现美、创造美、追求美的过程中发展起来的。有道是“爱美之心，人皆有之”，无论古今概莫能外，只是对于美，人们的追求和渴望经历了一个从无到有、由弱到强不断变化的过程。而在美的不断推动下，人们的物质生活和精神世界才逐渐丰富起来，人类文明也不断地向前发展。

最初，在远古时期，人们对美的追求和渴望基本上是可以忽略不计的，美在那时只是一种非常基本和浅显的需求，可有可无，毕竟当时最主要的任务是生存，对美的需求只是人们在实现生存目标之后的一点额外点缀。而且，这点美的点缀甚至是无意识的，是在实用性的基础上做了稍微的更加符

合美感的变动。可是，随着生产力的发展，人们逐渐从这种茹毛饮血、居无定所的游离状态中摆脱出来，追求更加舒适的衣服、更加优美的居所、更加美味的食物，一切都要比以前的要求更加倾向于美的韵味，甚至人们对于之前那种原始陈旧的生活状态是极其厌倦的，极力用一种美的更高的追求与过去的一切隔离开来。

其中，比较有代表性的是人们对“山”的审美判断。法国艺术理论家丹纳在《比利牛斯山游记》中说：“对于17世纪的人们，再没有什么比真正的山更不美的了，它在他们心里唤起了许多不愉快的观念。刚刚经历了内战和半野蛮状态的时代的人们，只要一看见这种风景，就想起挨饿，想起在雨中或雪地上骑着马做长途的跋涉……”这段描述非常直观地说明了人们由于恶劣环境造成的对山、对自然厌恶的情感态度，显然在这种情感态度的支撑下，审美情绪也就无从谈起了。可是，随着这段记忆的消逝，当人们再次面对山的形象时，则会因为其伟岸、高峻而心生一种莫名的美感了。而人们对山审美价值判断的前后差别，就反映并见证了人类历史的发展。

同样，从玉器之美的演变发展，我们也能够感受到美在人类历史发展中所起到的作用。中国玉器产生于远古人类的新石器时代，距今已经有七八千

年的历史。汉代学者许慎在《说文解字》中说："玉，石之美者。"自古以来，人们对玉器就十分欣赏。而且，由于历代的玉材不同，琢玉工具和琢玉技巧不同，加上审美情趣和风俗习惯的不同，使得玉器在不同的时代发生的作用、扮演的角色各不相同，每个时期的玉器造型以及其主题风格千姿百态，自成一体。从这些不同的玉器中，我们不仅可以大致看见不同历史时期人们对玉器的审美判断，还能够看出人们就是在美的发现、探索和创造中不断向前推进的。

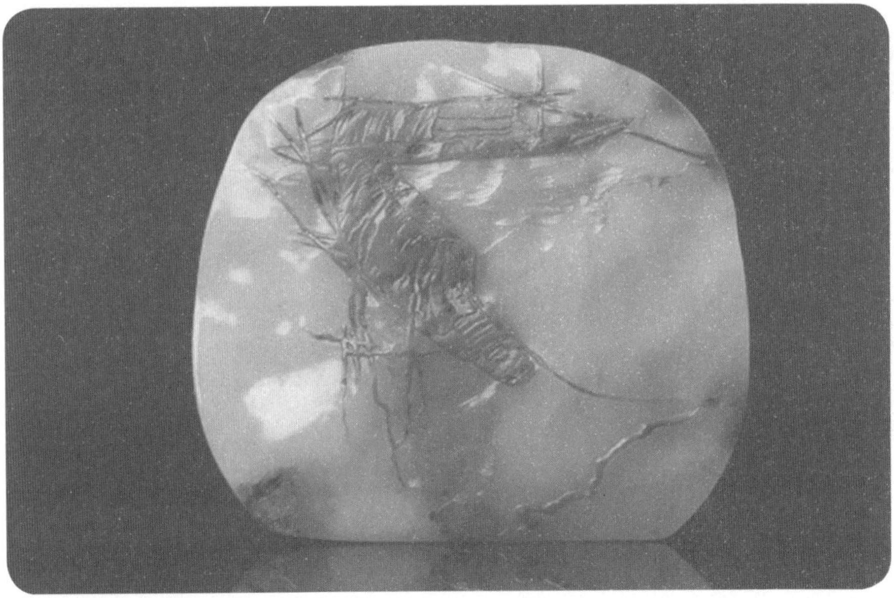

除了玉器之美对历史的见证，还有人们的思想认识的变化。纵观历史发展的进程，我们不难发现，历史上的每次思想解放运动都是一次美的发展和碰撞。就拿14—17世纪欧洲的文艺复兴运动来说，文艺复兴带来了一段科学和艺术的革命时期，揭开了近代欧洲历史的序幕，被公认为中古时代和近代的分界。在变化上，一方面人们极度厌恶天主教的神权地位及其虚伪的禁欲主义；另一方面人们借助复兴古希腊、古罗马文化的形式来表达自己的文化主张。而这种文化层面的变化，其实很大程度上就表现在了美的变化上。

这点在艺术领域的发展尤为突出，其中最为引人注目的代表便是文艺复兴的“文学三杰”，即但丁、彼特拉克、薄伽丘；“美术三杰”，即达·芬奇、拉斐尔、米开朗琪罗。而“美术三杰”则以直观的美感推动了人们思想的解放，使得人们的文明进程向前迈进了一大步。比如意大利画家拉斐尔的一系列的圣母像，和中世纪画家所画的同类题材有着极大的不同；而在达·芬奇的这些画作中，我们都能够感受到以母性的温情和青春健美而体现出的人文主义思想。可以说，这是一种与以往截然不同的美，是一种新的美的风尚，像《草地上的圣母》《花园中的圣母》《带金莺的圣母》《西斯廷圣母》等，我们都能够直观地感受到文艺复兴思想在其中所显现出来的人文力量。

在不同的历史时期，在不同的时代环境和思想认识下，人们对美的认识和价值判断是不同的，因而人们的审美观念和价值判断也打上了深深的时代印记。我们从一些审美观念和价值判断中就能够判断其所属的时代，由此可知，人类就是在发现美、探索美和创造美的过程中向前发展的。我们踩着文明和美的脚步，一步步地告别野蛮和粗鲁、粗糙和简陋，从而更加地讲究文明和优雅、精致和美好。因此，人们对美的审美情趣和价值判断就是推动历史发展的车轮，就是人们不断开创幸福美好生活的原动力。有道是“思想是行为的先驱”，思想认识有了进步，人们对美的要求和需要有的新的标准，那么为了满足人们对美的需求，就不得不除旧迎新，开创新的局面。而有了美的改变和影响，社会的变革也就在不知不觉中深入人心，使其得以顺利展开了。所以，美是社会发展的见证，也是推动社会发展的动力和基础。只有不断地发现美、探索美和创造美，才能推动社会的发展。

美对社会发展的推动作用对产品经营者和企业来说也具有极大的借鉴意义。作为产品经营者和企业来说，要想在未来激烈的市场竞争中赢得一席之地，牢牢地握住市场竞争的主动权，就必须懂得研究人们对美的需求，并且以发展的眼光来看待这一需求。毕竟，人们对美的需求是不断发展变化的，美不是一个恒久不变的概念，所以产品经营者和企业在进行产品定位和产业选择的时候，一定要有高瞻远瞩的眼光，开创性地引导人们对美的需求。只有这样，企业才能够始终站在消费者的前面，以美为引导，让人们在发现、探索美的过程中不断实现美的诉求。

而要做到这一点，产品经营者和企业就要能够站在时尚和潮流的最前沿，并且能够具体针对消费者的审美需求做出合理的安排和调整。这样，经营者和企业为消费者提供的产品或是服务就永远是最美的，也是最能契合消费者心理需求的。这样，经营者和企业自然也就能够获得消费者的支持，从而获得长足的发展。相反，经营者和企业若不了解人们在美的追求方面的特点，就会面临极大的危险，稍不留意就会被市场淘汰。

第四节　全世界都在为美而发掘

美是人们普遍热衷的事物，人们都在为了美而奔波辛劳，为了美好幸福的生活而拼搏不息。而且，美是深植于人们内心深处的东西，不管遭遇什么样的挫折和磨难、考验和挑战，人们对美的追求都始终未曾放弃过。因而，对美的追求是每个人的天性，都在以自己的形式追求自己渴望的美，我们每个人都在极力地探索美、发掘美、创造美，打造属于自己的魅力和风尚。

赵春林向社会公益人士赠送灵光子1号经络通治疗仪

美在我们的生活中无处不在、无时不在，它在我们的生活中随处可见、俯拾即是，只不过美在不同人的眼中会有不同的体验和感受。有些人认为的美可能并不被另外一些人认可和接受，而有些人忽略的美则也可能被他人看作十分珍贵的美。也正因为这样，美是一种带有极大主观性的东西，审美主体的审美观念和价值判断是非常重要的。到底是平凡还是美好，是一个仁者见仁智者见智的问题。不过，善于发现美的人则能够常常感受到周围的美好与幸福。这样的人就像一个资深的摄影师，他有一双在平凡中发掘美的眼睛，能够透过平凡的事物放大生活中的美好。

正如美国著名女作家、教育家海伦·凯勒在《假如给我三天光明》中所说的那样："我怀着无可奈何的心情，勉强离开大都会博物馆，离开那藏着发掘美的钥匙的所在——那是一种被忽略的美啊！然而有视力的人并不需要从大都会博物馆里去找到发掘美的钥匙。它在较小的博物馆里，甚至在那些小图书馆书架上的书本里也能找到。而我，在想象中能看见东西的有限时间里，将选择这样一个地方，在那里，发掘美的钥匙能在最短的时间内打开最伟大的宝库。"

由此看来，我们对美的发掘和感受，其实很大程度上在于我们要如何理解生活、如何理解美，如何用美的眼光和价值判断来审视我们周围的一切。如果我们善于发掘美，有一双善于发现美的眼睛，那么美就时刻围绕在我们身边。即使我们此时此刻正在遭受厄运，被挫折和磨难围绕，但是我们仍然能够以美的视角来看待周围的一切，积极地发掘美、探索美和追求美。所以，任何时候美都是十分丰富且普遍，有时甚至是多姿多彩、美丽迷人的，关键的问题就在于要善于发掘、善于探索。要知道，美不是赤裸裸地呈现在人们面前的，即使是最自然的山川河流，要想成为人们的审美对象，也必须要由审美主体自觉主动地去探索发掘，否则，再美的风景于他而言也只是枉然。

我们周围的一切都是取之不尽、用之不竭的美的资源，养育我们的家乡、父母，我们生活中的亲人、朋友，我们工作的城市，我们熟悉的人群等都是美的所在，我们都能够从中发掘美的因素，为我们提供美的感觉和享受。而要做到这一点，就需要我们能够有一定的审美修养和观念，我们的审美视角和审美能力能够让我们在平凡中发现不凡，在平常风景中发现美景。中国近代著名学者王国维先生在他的《人间词话》中曾写道："昔人论诗，有景语情语之别，不知一切景语皆情语也。"也就是说，一切景语皆情语，人们对景色的描绘都是出于一定的心情作用之下的，皆是心声的表露。那么相应地，我们的心理状态和审美观念如何也就决定了我们能否把眼前的景色看成美景。

由此可知，美景在于发掘，在于探索，在于审美主体的审美观念和价值判断。而事实上，人们在生活以及工作的过程中，都在坚持着对美的发掘和探索，人们都在以自己的形式来探索发掘属于自己的美。毕竟，美大都表现得比较隐晦，有时需要我们一双慧眼，有时需要做出一番努力和拼搏。但不管怎样，对于美的发掘与探索是全世界人们都在无时无刻不在进行着的活动，每一个有朝气和活力、对生活充满希望的人都不会放弃对美的探索和发掘。要知道，美不仅能够给人以短时的快意感受，还能给人梦想和希望，让人奔向美好幸福的生活。显然，这是任何人都无法拒绝，也不会拒绝的。

人们对美的感知和体验很多时候还是无意识的、不由自主的，这是人们在内心深处积累的审美趋向。尤其是在一些生活消费品的选择上，总会有一种莫名的审美在支撑，在同类产品中总是选择那些在各方面都更美的。因而，人们在进行比较的时候也会尽力地发掘事物的美，找到那个能够触动自己的点。所以，美的发掘和探索是一种群体行为，是人们提升生活品质、塑造美好幸福生活的驱动力量。

作为产品经营者和企业，要想在未来的市场竞争中站稳脚跟，稳操胜券，就不能不拥有一双善于发掘美和探索美的眼睛，而且这种发掘和探索的欲望要比其他任何人都要强烈迫切，毕竟产品经营者和企业关注的对象有这种对美的发掘欲望，只有比消费者对美有更强的发掘探索的欲望和能力，其产品或服务才能够满足消费者对美的需求，才能够赢

得消费者的支持和肯定，为消费者营造美好幸福生活提供强有力的支撑。否则，就很难开辟市场，在竞争日益激烈的环境下生存下来、发展下去。

要做到很好地探索和发掘美，产品经营者和企业就要深入消费者群体中去，就要根据消费者的审美需求和审美倾向来积极引导消费者的消费行为。而在产品设计和定位的时候，还需要有开创的精神，不仅要了解当前的消费时尚和人们对美的潮流的追崇，还要能够针对消费者的审美特点积极地发掘和探索新的产品或是服务，从而让消费者能够真正认可经营者和企业的产品，以便稳固地占领市场，让自己的产品或服务在消费者心中落地生根。另外，在进行美的发掘和探索过程中，我们还需要注重体现审美的个性和特色，而不能千篇一律。总之，美的发掘和探索是每个人都在进行着的活动，尤其是对产品经营者和企业来说其发掘和探索美的意义更大，它能够为经营者和企业创造巨大的价值。

第五节　美的事物永远在流行

美在我们的生活以及周围是普遍存在的，而美好的事物则是我们永不枯竭的喜悦源泉。我们的生活中有了美，便有了生活的希望和目标，有了各种各样的值得高兴和兴奋的事物。正如英国杰出诗人约翰·济慈所说的那样，“美的事物是永久的高兴”。确实如此，比如我们购买到合身漂亮的衣服，或挑选到合乎自己品位且流行的家具，都会因为对美的拥有而给我们带来无比的愉悦，让我们感到身心舒畅。事实上，生活给予我们最大的惊喜便是美的给予和满足，我们也在以各种各样的途径和方式来追求美、创造美。

美虽然在很大程度上是人的一种主观审美感受和判断，没有绝对美丑的衡量和判断标准，但并非如人们对一般事物的判断那样非黑即白，美有着极大的包容性和延伸性，对于不同的人，在不同的场景和时间条件下，审美主体对美的事物的判断是不同的。有的人感到美的或引以为傲的东西，放在其他人眼里或许不值一提；有些人穷极一生去追求和发掘的美，在另一些人看来就是遥不可及的梦，他们从不会把它当作自己美的追求。因此，美是一个具有主观色彩的审美评价，很多时候具有很大的不确定性。

不过，美也并非可以被任意理解和界定，毕竟美的审美主体并非只有一人，真正的美往往会受到大众的广泛关注和青睐，尤其是一些较为广泛的美的事物或概念，是深植于人们内心深处的理想和目标，是长期的生活实践给予的对美的追求。这种对美的追求和发掘是具有坚定受众基础的。也正因为这样，每个人都在坚持不懈地追求美。而对美的追求也贯穿了人类社会发展的始终。早在远古时代，人们在物质生活上极度贫乏的状况下，就已经生发了对美的追求，就已经在尽力满足物质生活需求的同时，追求服饰的合身、简约和美观。而这种对服饰之美的要求，也随着时间的推移变得更加丰富，人们对服饰之美的追求也变得越发多样化，不仅仅是要求合身简约，更加要求能够彰显自身的魅力和气质，甚至还能够契合当下以及能够引领未来的时尚和潮流。

赵春林为玉树灾区募捐演讲

因而，人们对美的追求是永恒而持久的，它不仅围绕在我们身边，还能够给我们希望和梦想。当然，人们对美的追求并非一成不变，随着时间的推移，审美主体审美观念和价值观念的变化，人们对美的理想和诉求也会发生不同程度的变化。但是需要注意的是，真正美的事物却可以超越时间的阻隔，即使是过去了很长的时间，当人们再来审视和观看的时候仍旧能够获得极大的审美享受，甚至更甚以往。这就像一件收藏品或艺术品，越是时间久远，我们获得的审美感受和体验也就越发深刻，也就越能获得美的享受。

其中，最具有代表性的莫过于中国的瓷器了。陶瓷被称为“土与火的艺术”，在中国博大精深的古代艺苑中，是一朵绚丽的奇葩，历史悠久，光彩夺目，令人叹为观止。而且，我国是世界上最早烧制和使用陶器的国家，是中国独享的一项重大发明，堪称对人类文明做出的杰出贡献之一。尤其是绚丽斑斓的唐三彩、千峰翠色的唐代越窑青瓷、如冰似玉的宋代官窑青瓷、色彩缤纷的明清御窑五彩瓷器、色泽优雅的元明清青花瓷器、雍容华贵的清代珐琅彩瓷器和粉彩瓷器等，都以永恒的艺术魅力博得了世界各国人民的青睐和钟爱。还有宋代的五大官窑即汝窑、官窑、哥窑、钧窑、定窑出产的瓷器，更是被称为中国瓷器的杰出代表，其艺术价值和审美价值都历久弥新，不仅在当时备受人们推崇，时至今日仍旧具有鲜活的生命力，能够给人带来无与伦比的美感享受。

除了瓷器之外，那些真正的美的事物都具有持久的生命力，而所谓真正的美的事物是指那些真正契合人们内心审美而非流于表面的美。如今，我们在生活中常常会见到各种形式的美，有的美产生于一时的时尚或潮流，有的美产生于某种炒作或宣传，有的美则是流于外表而昙花一现。这些都不是真正的美，是不可能长久的。而那些古典美、艺术美、心灵美和对美好以及幸福的追求等，都是真正的美，都具有极强的生命力，能够带给人持久的审美感受。相反，那些流于表面缺乏内涵的美，纵使一时被人们追捧和推崇，但是时过境迁很快就会被淘汰出局，被人们遗忘甚至遗弃。所以，我们在对美进行发掘、探索和追求的时候，也一定要树立起正确的审美观念和价值判断，不能人云亦云，更不能不加辨别地予以接受或驳斥，只有那些真正契合自己内心需求和长久愿望的，能够给自己带来切实的审美满足的，才能够获得真正的美感享受。

也只有这种能够给人真正美感的事物，才能够对我们产生真正的助益，不会因为一时时尚变了风向就让自己追求的美成为过时的东西。就像整容之美和心灵之美，虽然通过面部的整容和调整能够让我们的容颜提高一个层次，给人以赏心悦目之感，但若是缺乏心灵美的修养和品位，一味地强调容颜的美，那么久而久之也会让人产生厌恶之感，有道是以色娱人能得几时好，只有丰富心灵之美才能让人保持恒久的美感。而要追求心灵之美，就需要不断提升个人的价值和品位，提高自己的修养和学识，以人之长补己之短。而且，言行举止都要合乎礼仪恰当得体，风度、胸怀和头脑等方面也都要达到美的标准，如此再加上美的心态，就能成就自己真正的美。

另外，真正的美也需要沉淀和积累，需要经受得住时间和审美观念变迁的考验。真正的美具有持久的生命力，是一直都在流行的事物。而作为产品经营者和企业来说，打造真正的美也是十分重要和关键的。在未来的市场环境下，竞争将日趋激烈，产品或服务之间的比拼将日益白热化，能否满足人们的审美体验和美的感受是至关重要的。为此，产品经营者和企业就要着力打造真正的美，毕竟只有真正的美才具有持久的生命力，才能为经营者和企业带来稳定持续的消费者，从而让自己的产品或是服务拥有稳定且不断扩大的市场份额。如此，产品或是服务在激烈的竞争环境下，才能够保持恒久的竞争力。

相反，如果产品经营者和企业只是注重对短期美的打造和成就，而忽视美在未来一段时间内的时尚和潮流，不能够做到高瞻远瞩，以开创性的美引领时尚，满足人们对真正美的需求，引导人们追求真正的美，那么经营者和企业提供给消费者的产品或是服务必然会是昙花一现，很快就会遭到消费者的厌弃。而且，一种产品被消费者遗弃之后，再重新树立新的美感，如此循环往复不仅不能塑造稳定可靠的产品品牌，也会耗费经营者和企业大量的人力、物力和财力，难以在市场中赢得强劲的竞争力，所以，营造和成就真正的美就是经营者和企业的生命线。

第六节　美无止境

美是一个令人深为触动又十分广泛的概念。在美面前，人们都在竭尽所能地去追求和探索、发掘和创造。我们每时每刻都在追求美，每个阶段都有不同的美的需求和目标。在我们最初的审美对象中，大自然是美的天然载体，慢慢地，除了自然美之外，还有了社会美、人文美等各种形式的美。随着人们年龄的增长、思想认识的加深，对美的追求也更加的多样化和丰富化。毕竟，人们对美的追求是时常变化的，有的还需要很长的一段时间才能够实现对美的追求。而且最为重要的是，美是永远没有止境的，我们在达成了一个美的目标后，还有更多的美的目标摆在我们面前。

除了由于人们思想认识和审美观念的变化，使得人们对美的认识和评价有各种不同的观点和看法外，十分重要的一点就是，美本身就是常看常新、没有

穷尽的。大自然的美就是如此，大自然对于我们来说就像一幅永远也看不完、看不腻的长轴画卷。在大自然的这幅画卷中，有花草树木等我们触目可见的美景，也有山川河流等我们需要远观才能很好欣赏的美。除此之外，蓝天白云、花鸟虫鱼等也都能够带给我们不一样的美感。而且，我们在不同的时间、不同的境遇和心态喜好下，对眼前的美景也会有不同的感受，因而即使是每天都会见到的美景，在不同的审美条件下，我们也能获得新鲜的审美感受，看到同样的事物不同的美。即使是对不同事物的审美，大自然也足以让我们用一生来欣赏和品味。毕竟，大自然是十分广阔的，且每一个地方的景色都各不相同、各有特色，给人们以不同的审美感受。

自然美对我们来说是最直观也是最能令人产生审美感觉的，在广袤的大自然中，我们以及我们眼前的景物其实只是大自然美景的一点点缀，对自然美的探索和发掘，从远古时代的人们就已经开始了，在经历了漫长的历史发展后，人们对大自然的美仍有很多没有发现的地方，加上大自然的美是一切美的源泉，在自然之美的基础上，人们还逐渐衍生出了其他方面多种形式的美，这也使得美成为一个无穷无尽的审美宝库。

在人们追求美的过程中，往往还会发现其他各种形式的美。比如我们在对美好幸福生活追求的过程中，往往会把美好细化成许许多多的小的美好，为了追求这些小的美好我们付出不懈的努力，这本身也是一种美。美既是一个集体的大的概念，同时也是一个细化的具体概念，能够带给人不同的审美体验。也正因为这样，人们对美的追求是永无止境的。当然，人们不断增长的对美的追求也是促使美本身向前发展的重要因素。人们有了某方面的需求和期待，也就有了对某些方面的追求。

人们对美的追求还是一个不断创造、继往开来的过程。比如人们在欣赏古典美的过程中，不仅能够体察到在当时具体的历史环境下作者以及人们的审美评价和观念，还能够在具体审美的过程中加入自己的审美观念和价值判断，从而使得古典美呈现出现代的审美价值，也使得古典美焕发出了新的生命力和朝气，从而让后来者无论何时都能够体验到古典之美与现代之美的魅力特征，使得古典艺术之美拥有鲜活的生命。除了在对古典艺术美进行审美的再创造之外，人们的审美活动本身也是不断创造和发掘的过程。

在对美进行追求的过程中，我们往往会收获其他美的感受和体验，加上人们日益增长的对美的需求，随着时间的推进，审美个性的张扬，美的形式和种类也会越来越多，且对每一种美人们的要求都是没有尽头的。毕竟，随着社会的发展，人们的审美观念也会不断地发展变化，由此，起初审美目标达成之后还会有更高层次和要求的目标，所以人们对美的需求是无止境的，美也是无止境的。特别是在科技发展日新月异的今天，创新产物层出不穷，人们对物质和精神美提出了越来越高的要求，美的追求更是充满了无限可能，任何人都不可能说已经实现了极致的美。

既然美无止境，人们对美的发掘和探索以及其需求必然会不断深化，因此作为产品经营者和企业，一定要树立起科学的审美观念和态度，树立起强烈的审美危机意识，不要以为自己为消费者提供的产品或服务已经达到了人们对美的极致要求，从而给予错误的产品定位，使得产品或服务在真正运营的时候因自高自大而忽视消费者的切实需求，不但无法实现消费者对美的切实需求，也无法满足人们不断增长的对美的追求。如此，消费者在使用了该产品或体验了该服务后，必然会有不好的印象，甚至产生极大的厌恶心理，从而对该产品或服务嗤之以鼻，以后不再消费。显然，这样的结果对经营者和企业来说是致命的打击，久而久之，经营者和企业就会走向绝路。

其实也正因为如此，市场上有很多的大牌企业和有经验的经营者在进行产品定位和产品营销的时候，就特别注重“美无止境”的观念。比如，特仑苏2017年的广告词就是“更好没有止境”，三星笔记本电脑的广告宣传词就是“简单美无止境”，澳柯玛冰柜的宣传广告词就是“没有最好，只有更好”。诸如此类的产品定位和宣传语言不仅显示出了经营者和企业谦逊的态度，也彰显了它们为了满足消费者不断增长的审美需要和追求而持续做出的努力，力争要为消费者提供更好的产品、更完美的服务。由此，在这样的定位概念支撑下的产品，往往能够赢得消费者的青睐和认可，即使是在使用的过程中遇到了一些不合理、不恰当的地方大都能够接受，不会太挑剔苛刻。如此一来，这些产品或服务也就赢得了大量且稳定的消费者，无形中增加了产品的竞争力。

所以，产品经营者和企业一定要打好“美无止境”这张牌，好好地用“美无止境”来激发消费者对经营者和企业发布产品或服务的期待。不过，需要注意的是，产品经营者和企业绝不能够因为这样而刻意降低产品或服务的质量和水平。而且，在后续的产品或提供服务时，也一定要切实地加大投入，实现产品或服务的创新和实质性的提升，能够满足广大消费者对产品或服务的期待。否则就很可能起到反作用，给经营者和企业带来不好的效果，不利于产品的推广和品牌的建设。

第七章 大美的至高境界

在美的国度里，有形形色色各种类型和样式的美，这些美有的是细微之处的亮丽，有的是对幸福生活的向往，有的是令人震撼的感动。它们以独特的魅力给予我们美的感受和体验，让我们收获身心的充实和丰足。而且，这些各种各样的美在人类的文明进程中，作为一种不可忽视的推动力，一步步推动且见证着人类文明的产生与发展，其中极致简约的大美，存乎天地之间的自然之美、社会之美、人文之美、和谐之美等更是美的至高体现，是人们对美的极致追求。

第一节 人类文明发展进程中，美从来没缺席过

“文明”总是一个令人赏心悦目的词汇，它常常与美好的事物相联系，让我们与野蛮区分开来，尤其常被应用在人类的发展过程中。在对人类文明进程进行研究的过程中，与文明相伴相随或推动文明一步步向前发展的美，从来都没有缺席过，它始终作为文明发展的车轮，推动着人们一步步开创美好幸福的生活。

众所周知，人类的文明形式根据生产工具来划分主要经历了石器时代、青铜时代和铁器时代三大重要的时代节点。在漫长的历史长河中，石器时代是考古学中对早期人类历史分期的第一个时代，大约距今有二三百万年，是人类从猿人经过漫长的历史逐步进化为现代人的时期。在这一时期，人们又具体划分为了旧石器时代、中石器时代和新石器时代。

在旧石器时代，人们主要是用于制造简单的工具来打猎或是采集。比如，他们会使用石器和木棍来猎取野兽，并采集果子来充饥。这时人们使用的石器是比较简单和粗糙的，几乎没有什么美感可言，主要是出于实用性的角度进行挑选的。

赵春林考察湖南炎帝生物集团

到了中石器时代，人们为了在新的环境中更好地生存下去，不断涌现出一些新的发明和创造，石器的种类和样式也都比旧石器时代要多了很多，而且据考古研究发现，甚至出现了捕鱼工具、石斧以及像独木舟和桨的木质物品，中石器时代的石器已经初步具备了美感。而这种美感到了新石器时代则表现得更加明显，这时人们主要是使用磨制的石器，用于农业和畜牧，将植物的果实加以播种或是设置陷阱来捕捉猎物，等等。人们的生活已经得到了进一步的改善，石器也更加注重美感，还制作了陶器、纺织，发明了农业和畜牧业，开始了定居生活，人类的文明已经开端，人们对美的追求也日益强烈。

新石器时代结束后，人类便进入了铜器时代。铜器时代又被称为青铜时代，是指主要以青铜为材料制造工具、用具、武器的人类物质文明发展阶段。这一时期，人们对材料的应用更加考究，不再满足于石器的美和使用价值，而倾向于用青铜来作为主要的制作材料。而青铜器的出现不仅极大地提高了社会生产力，推动了社会的发展和进步，也由此形成了古代文化发达的一些地区，而且青铜的制作工具和审美价值也大大增加，其中让人们印象深刻的莫过于青铜器的美的典范——司母戊大方鼎。司母戊大方鼎是迄今为止出土的最大最重的青铜器，鼎的四面在方形素面周围以饕餮作为主要纹饰，四面交接处则饰以扉棱，扉棱之上为牛首，下为饕餮。鼎耳外廓有两只猛虎，虎口相对，中含人头。不仅如此，在其他的细节之处也十分考究，极具美感。据考证，此鼎为商王室重器，是商王武丁的儿子为祭祀母亲而铸造的，无论是造型、纹饰还是工艺都已经达到了极高的水平，堪称商代青铜文化顶峰时期的代表作。由此，我们也能够清楚地感受到当时人们的审美观念和价值判断。况且，不仅是司母戊鼎具有极强的美感，其他实用性的青铜器皿也都彰显了极大的审美艺术，能够让我们领悟和品味到当时的艺术水平和生产发展程度。

青铜时代结束后，人们便进入了铁器时代。铁器时代是人类发展史中的一个极为重要的时代。这时人们在冶炼青铜的基础上逐渐掌握了冶炼铁的技术，人们开始使用铁来制造工具和武器，并且已经能够运用很复杂的金属来加工生产铁器，加上铁的高硬度以及铁矿的高蕴含量，使得铁在实践活动中得到广泛运用，人们对铁器的需求也很快便超过了青铜。不仅如此，人们对铁器的需求不仅是出于实用的目的，而且也更加赋予了装饰意味，由此铁器也成为了一件美的艺术品。而这种新的生产工具的产生也极大地提高了生产力的发展水平，使得人们的农耕和各项生产都得到了极大的发展。

随着铁器的普遍运用，人们的日常生活中出现了各种各样的铁器和铁艺，实用性和审美的艺术性很好地结合在了一起，也使得生产力向前跨了一大步。后来，随着社会的发展，人们又相继进入了蒸汽时代、电力时代、工业信息化时代和万物互联的时代等。在蒸汽机时代和电力时代，可谓人类文明发展史上的重大进步和发展，使得人们的生活得到了极大的改善，也让大量的人力从生产劳动中解放出来，从而从事其他行业，发现更多的美。尤其是电力时代的推进，使得人们的生活变得越发的丰富多彩，绚丽多姿，它也极大地开拓了人们的活动范围和时间，使得美的形式和种类越发丰富。

到了工业信息化时代和万物互联时代，科学之美展现得淋漓尽致，人们成为工业以及科技的主人，生产力的发展水平得到大幅度的提高，人们对美的感受和体验也越发丰富多彩，各种各样的对美的满足贯穿于人们生活和生产的始终，科技的力量也使得人们对美的追求更加细致、全面，也使得人们的审美观念和价值判断发生了极大的变化。事实上，也正是这种审美观念和价值判断的变化，在美的驱动力下，人们才不断地开创美好幸福的生活，才一次次地发觉美、创造美，以美来打造和成就人们的美好生活。因此，在人类文明发展的过程中，美的追求是持之以恒的原动力，美的艺术也从来没有断绝和缺席过。只是在不同的时代、不同的环境下，美的形式各有不同，人们美的需求所发挥的作用也各有差异。

而作为产品经营者和企业来说，我们一定要了解把握美对人类文明进程的重大推动作用，从而积极地迎合满足消费者对美的需求和追求，并且能够做到在现有的资源和各种条件下积极地发掘美和创造美，以美来引领时尚和需求，从而推动生产力的发展，也使经营者和企业能够牢牢地把握准消费者对美的需求，从而赢得消费者的认同和肯定，成就强大的市场竞争力，毕竟，美在任何时候、任何情况下都不曾缺席过，都是十分重要的推动力，人们对美的追求也是十分强烈和迫切的。所以，经营者和企业要懂得引领消费者对美的追求，把美的塑造和成就作为产品的重要着力点和支撑点。相反，一旦产品或服务缺少了美，不能满足消费者对美的需求，那么产品或是服务就缺乏必要的市场，很快就会被市场和消费者淘汰。而且从大的方面来说，若持续推出的产品或服务缺乏美，那么行业也就不可能发展。

第二节　极致便是大美

美是人们恒久的追求，是深植于人们内心的需要，在人们成长发展的过程中，美是不可或缺的，我们总是在有意无意地追求美、发掘美和创造美，人们的身边也围绕着形式和种类众多的美。这些美或是能够改善我们的生活，或是能够提升我们的生活品质，或是能够给我们的生活方式带来巨变，让我们切实地感受到美的存在和幸福的味道。也正因为这样，人们对美的追求总是百折不挠、锲而不舍。

不过，随着人们审美观念和价值判断的变迁，人们对美的要求也是不断变化的。就拿人的容颜来说，有的时候人们追求浓妆艳抹，可有的时候却追求略施粉黛的极致简单。尤其是随着人们对健康之美的追求，极致的简约之美、淡雅之美、质朴之美越发受到人们的重视。在人们的眼中，这种极致之美美在内涵、美在质感，能够更加彰显美的本质，使得修饰对象真正内在的东西能够更好地呈现。而那种浓妆艳抹过度修饰的美，总是显得有些匠气，没有那么多的真实和质朴，也缺少内涵和更加丰富的韵味。

由此，人们对美的追求经历了一个由烦琐到简单继而极致的过程。在最初的审美感受和体验中，人们为了起到装饰和美化的效果，总是想法设法地去打扮装点，每一处地方都尽可能地实现最佳的美，从而穷极了一切手段和美化的工具，似乎要把所有的装扮技巧和化妆用品都用在自己身上，只有这样，人们才会觉得是美的。可是，随着时间的推移，人们审美观念和价值判断的变化，烦琐过度的修饰和装点不仅没有美感，甚至会令人厌恶，每当看到那些浓妆艳抹的脸庞时，总会有一种不协调的丑陋感。不仅如此，在重重的装饰之下，其本来的美感被遮盖得消失殆尽，显示出来的更多为夸饰的脂粉气，对个人的魅力和气质几乎毫无助益，甚至还会起到相反的效果。

也正因为这样，随着美的发展，人们对美的追求和审美评价越发朝着简单的极致方向发展，越是烦琐的东西越缺少美感。毕竟，随着经济的发展，人们生活以及工作节奏都在日益加快，在审美的时候也会带有这种简单、简约的美来进行价值判断。而那些烦琐的，一眼看上去就会与人们奉行的简约背道而驰，自然也就得不到欣赏和肯定。而随着科学技术的发展，人们也越发对简约之美万分欣赏，认为无论是生活还是工作，还是我们身边的一切美好都应该是简约的，不至于令人眼花缭乱的。而且，简约之美也越发被赋予了有品质、有品位的意蕴。

同时，人们在进行审美判断的时候也常常用这种极致的简约之美来衡量，正如文艺复兴“艺术三杰”之一的米开朗琪罗曾说：“美就是净化过剩的过程。”确实如此，美是经过一番筛选和取舍之后留下的精品，去除了冗杂，因此，极致的美就应该是简单精练而不拖泥带水的，就像《论语》那样，它篇幅短小精悍，道理深入浅出，因而备受人们的喜爱和推崇，时至今日仍旧热度不减。

1988年1月，世界上七十五位诺贝尔奖获得者在巴黎集会时发表了著名的《巴黎宣言》：如果人类要在21世纪生存下去，必须回头两千五百年，去汲取孔子的智慧。《论语》之所以两千五百年或贬或褒，或批或扬，被世人铭记不忘，就是因其于简单浅显中蕴含了深奥、亘古不变的真理。孔子是用最平凡的日常态度来揭示人性的奥秘，也用实际行动诠释了极致的美感。除了其中包含的知识性外，这种极致的美感得到众多学问大家的一致好评。可以说，《论语》信手拈来，字字句句都值得细细品读，都充满了美的韵味和气息。

可见，极致的简约之美才是真正的美，也是能够经得起时间和历史考验的大美。相对于我们生活中一时一地的美来说，真正的美具有持久的生命力和鲜活的朝气。也正是这份持久的生命力，使得人们每当看到的时候都是一次美的享受，毕竟极简主义是一种去冗返简的蜕变过程，而质朴纯真更是最本质、最持久的审美主体，越是有生命力的美的事物，就越能透露出简约之美。这种简约是洗尽铅华之后的极致之美，是一种返璞归真的自然之美。在经济高速发展、物质极度丰富、人们追求的事物越来越多的时代背景下，有越来越多的人开始迷失自我，在物欲的追求中丧失了对美的坚守，而那些能保持本心的人却对这种简约之美倍加推崇和赞赏。

正因为如此，简约之美也成为产品经营者和企业布局产品和服务的重要审美原则，尤其是那些在行业内有极好口碑和知名度的产品或是服务总是奉行着这一简约美的原则。比如，最近频频进入人们视野的极简的家居装修风格，每每看到都会给人一种原生态的鲜活和朝气，特别是那些长期生活在大都市的人们，看到这种极致的简约之美、原生态之美，有不凡艺术的审美情趣，常常会心向往之。而在家居装修领域，也涌现了很多追求极简之美的产品或服务。如今越来越多的人在进行家居装修的时候会采用木质地板，除了木质地板切实的好处外，人们选择木质地板的一个重要原因就是，将木头变成地板，也就把森林搬进了家里，看着这种原木的色调，就会油然而生一种极致的简约之美和回归自然的生态之美。

当然，由此而延伸开来的体现极致简约之美的还有众多的产品。人们的审美观念以及价值判断也越来越趋向于简约化，而且这种简约之美中透露着艺术感、设计感，与那种穷奢极侈形成了鲜明对比，往往能够给人更加清新、自然、舒畅之感，少了一些压抑的情绪，多了一些贴近自然的快感，能够给那些在紧张忙碌压力日渐增大的人以极大的美感享受。也正因为这样，产品经营者和企业在进行产品布局的时候常常会以这种极致的简约之美为指导，有道是“外在形式越简单的东西，智慧含量越高，因为它已经不再依赖形式了，必须依靠智慧”，极致的简约之美便是回归生活本真，以更加智慧的方式轻装上阵。

所以，人们对极致的简约之美不是出于形式上的钟爱，而是对其品质和品位的肯定和认可，去掉形式的烦琐，增加的是质量和智慧的角力。尤其是在万物互联的时代，烦琐呈现出来的美已经越来越被大众厌弃，简单实用的美才是人们对美的极致追求。而要做到这一点，经营者和企业不仅要能够做到形式上的简化与创新，还要能够在简化形式的同时提高实用的便利性和科技感，不能以牺牲实用体验为代价来简化形式，显然，这是一个不小的考验，需要产品经营者和企业不仅要掌握清楚当下以及未来一段时间内消费者的审美评价，更要能够投入大量的人力、物力和财力进行产品创新和服务升级，只有这样发展起来的产业才能成为激烈市场竞争下的朝阳产业。

第三节　大美存乎天地之间

美在我们的身边无处不在，可以说是俯拾即是，一花一草、一点一滴都透露着美的因素和倾向，只要我们在合适的时间、以审美的心态来看待就能获得极大的审美享受，直观地感受到生活的美好和多姿多彩。而且，美有着丰富的魅力和韵味，不同的美有着不同的形式和特点，而不同形式和种类的美给人的审美感受和体验也是不一样的，我们的成长和发展就是在对美的追求中实现的。

不过，不同的美在我们生活中发挥的作用和影响是不同的，有的美是一时的享受和体验，稍纵即逝；有的美能够给予我们长久的美的感受，让我们在美的体验中获得极大的幸福感和满足感；还有一些美能够持续地传递给我们美的感受，让我们能够常看常新，每一次的审美体验和感受都会因为不同的场景和心态而有不同的结果。事实上，这也就是存乎天地之间的大美，真正能够经受得住时间和历史考验的美。这种美经久不衰，拥有旺盛的生命力和朝气。而且，它的审美对象十分广泛，往往不局限于某个人或某个群体。

只要是审美主体主动地进行审美，那么它的美景都会向人们展开，从而给人美的馈赠，让人的心情变得开朗舒畅起来。

而天地之间的这种大美，很大程度上就是人们日常可见的自然之美和社会之美。就自然之美而言，《庄子·知北游》有言："天地有大美而不言，四时有明法而不议，万物有成理而不说。"也就是说，天地之间有大美却不言语，四时有分明的规律却不议论，万物有生成的条理却不说话。可见，大美存乎天地之间，不仅有自然的山川风物，还有春夏秋冬的四季分明、万事万物的有条不紊，这一切都是存乎天地之间的美，由此可知，天地之间的大美是一种博大之美、包容之美、和谐之美、至理之美，我们每个人也都是大美的一部分。

首先就自然之美来说，它具有十分丰富的魅力和多姿多彩的绚丽。有时候，它呈现出一花一草的娇滴鲜嫩之美；有时候，它呈现出大海巨山的震撼磅礴之美；有时候，它呈现出电闪雷鸣的风雨之美；有时候，它呈现出阴晴圆缺的天文之美；有时候，它又会呈现出奇山怪石的地理之美。诸如此类的美都是大自然赠予我们的自然之美，在这些自然之美面前，人力是十分弱小和有限的，这种美让人震撼、让人敬畏、让人触动、让人倾心。也正是这种质朴纯真之美，开启了我们对美最初的印象，成就了我们对大自然的灵动演绎的钦佩。每当我们在晴朗的夜晚凝视浩瀚的星空，在早晨的海上看壮丽的日出，仰头看那明灭变换的广阔天空，感受那森林里穿透绿意的温暖阳光，心灵就会被时间的壮丽和永恒所震撼。

万物生生不息，飞鸟飞翔于天与海的怀抱中，流星瞬间划破天空，初升的太阳凭借着炙热的温度燃烧着天空和海洋，树木向着天空伸出枝丫，就连岩石也内敛这白日阳光的温度，静静地镌刻着生命的光辉岁月。这也是大自然给予我们的美的享受和体验，这些或动或静的美无时无刻不在让我们心生感动。比如，每当看到太阳从东方升起，我们就能感受到一股莫名的勇气和力量涌遍全身，在每一个星空璀璨的夜晚，我们都会感到无比的沉静。就这样，我们时刻感受这大自然源源不断的美的供给，它各种各样的美和爱构筑了我们赖以生存的家园，尽管时光荏苒，我们仍能够拥抱这浩瀚、庄严、永恒的自然之美。

而除了自然美之外，还有与我们紧密相连息息相关的社会美。所谓社会美，也就是指显示生活中社会事物和现象呈现的美，它与自然之美合称为现实美。社会美细化开来，又分为行为美、语言美、心灵美、环境美等。这种美源于人们的社会实践活动，因此人的美是社会美的重要组成部分。简单来说，社会美可以称作是以人为中心的生命之美。在人的各种社会实践中，各种形式且丰富多彩的美渗透在人类社会生活的方方面面。事实上，无论是任何人，在成长发展的过程中都在有意无意地追求和探索美的存在，在一幕幕的悲欢离合、爱恨情仇的背后，呈现给人们的就是生命的大美，是人们本质力量的完美体现。所以，人生在世，与人、与社会发生关系，就会切身地感受到这种美。这种美是人性美的表露。

当然，万事万物的有条不紊、井然有序，也是一种令人十分触动的美，这种美表现出来万事万物的客观规律性和遵循的原则和方式。任何事情都不是孤立存在的，也不是任由自己漫无目的地发展和变化的，它们都有自己的发生、发展、旺盛，最终走向消亡的过程。比如，动植物总是按照自己的生长基因和发展规律来有序地进行演绎，植物的吐芽、生枝、开花、结果、枯萎、死亡等一系列的生命过程，动物的怀胎、成形、出世、生长、旺盛、衰败、死亡等，都有一定的规律，遵守一定的法则，而且在这一过程中的每个环节都可以看作一种美，是一种对生命的敬畏。用哲学的语言来说，这就是事物变化发展的客观规律性，万事万物都离不开这样的制约，都有它生长死亡的定数，而用审美的观念来看待的话，则是生命大美的体现，是我们对生命过程的解读和诠释，不管是哪个阶段，其解读和诠释都能够让人感受到生命的奇迹和伟大。这就是万事万物在有意无意中给予的美的馈赠。

赵春林接待前联合国秘书长潘基文特使金圣杰先生

可见，大美存乎天地之间，与我们每一个人都息息相关，且很多时候触手可及。但是它与一般的烦琐而零散的美又有所不同，这种大美更多的是体现在对整体美的感知和体验，是一种美的升华和提炼。作为产品经营者和企业来说，更要注重对大美的营造和引导。大美是一种方向性的指导，在进行产品设计和定位的时候，经营者和企业一定要让自己的产品能够契合人们对自然美、社会美、万事万物的规律之美的要求，而不能与之相抵触，否则所谓的标新立异最终就会被消费者排斥和抵制，消费者一旦认识清楚是不会进行消费的。

为此，产品经营者和企业一定要对大美的方向和潮流进行仔细地研究，不仅要具体分析消费者对美的追求和需要，其产品和服务更要能够符合大美的要求。而要符合大美的要求，就需要经营者和企业能够有一个大的视角和高瞻远瞩的眼光，不管是在产品定位，还是在产品设计以及营销的每一个细节的策划中，都需要以大美为指导，如此才能让产品或服务真正走进消费者的内心，真正赢得强大的市场竞争力。

第四节　满足美的需求乃大美之体现

美是我们对美好幸福生活追求的直观体现，对美的追求深深地植根在我们的内心深处，在我们每个人的心中都有一种对美的渴望和追求，从而促使着我们不断地奋斗拼搏，向着美好和希望持之以恒地付出努力。也正因为这样，在我们奋斗拼搏的时候，我们会感到无比充实，当我们实现了自己的目标和追求后，会感到无比满足和畅快。由此，对美的追求和满足是人们最本质的要求，也是随着物质极大丰富之后人们重要的生活内容之一。

当然，人们对美的需求是多种多样的，不同的时间不同的场合，甚至在不同的心境下对美的追求和渴望都是不同的。毕竟，人是生活在社会中的，在为人处世与人打交道或处理事情的时候总有各种各样的需求和目标，以满足自己的预期计划、实现自己的利益，而这一过程在很大程度上就是对美的追求。美具有极大的包容性和延伸性，人们的一切渴望和追求、希望和目标，其实都包含着美的倾向和因素，人们对生活的要求其实就是对美的要求。

同时，美渗透在人们生活的方方面面，爱美又是人的天性，因此在人们的日常生活中，人们的一切言行举止都会朝着美的方向发展和努力，以便让自己的生活更加靓丽多姿，更加有品质和品位。要知道，生活如果总是忙碌而没有对美的追求，那么就只能变成劳动的机器，只有让美的追求融化在人们的日常生活的言行举止中，生活才会越来越丰富多彩，越来越具有美的艺术和品位。也正因为这样，随着经济的发展，人们物质生活的丰富，有越来越多的人追求有品质和品位的生活，让自己的生活少一些单调，多一些精彩；少一些枯燥，多一些情趣；少一些匠气，多一些艺术。

由此，在物质生活得到极大丰富和满足之后，已经有越来越多的人不再只是把精力专注于紧张忙碌的工作以及生活琐事，而是更加注重生活的品质，给自己的生活更多地增添一些美的气息，让自己能够拥有一片美的天

地，能够时不时地与美有个零距离的接触，让自己的生活和工作更加活泛起来。而且也只有这样，每天的生活和工作才会更有朝气和活力，才能够有更好的精神状态去迎接美好的一天。而要实现这一点，就需要我们对美有持之以恒的追求和渴望，对我们生活中方方面面的言行举止、衣食住行等有更美的追求。

另外，人们对美的追求和渴望是不断升级的，我们从不会停留在一个美的层面上，当实现了某个美的追求时，我们就会继续向更高层次的美进行探索和发掘，从而让自己的品位和魅力得到更好的展现和流露。因而，人们对美的追求是永无止境的，美的目标的设立也大都是一个阶段性的目标，美的需求是一个层层递进的过程。在这个过程中，人们总是有意无意地朝着更美的方向前进。显然，不断满足人们对美的需求就是对美的极致追求，就是大美的体现和流露。

其中，满足人们对美的需求首先就是对自然之美的追求。自然之美是大美的集中体现，是人们能够切实感受到的又能给人以最震撼最受触动的美。这种美的需求的满足贯穿于人们追求的始终，因此，人们对于大自然的美越来越钟爱和青睐。尤其是生活在大都市的人们，更是喜欢到大自然中去，亲近自然，放松身心，感受自然之美。也正因为这样，在各行各业中，旅游业成为人们倍加推崇的行业，尤其是到十一黄金周或年终假期的时候，人们大都会选择旅游的方式来追求自然之美的感受和体验，而旅游行业也成为一种拉动当地经济、带动其他产业发展的朝阳产业，成为经济发展的重大推动力。因此，有旅游资源的地方大都投入了大量的人力物力和财力进行开发建设，从而满足人们日益增长的旅游需求。

赵春林获得“中国长城创新人物”称号

除了满足人们对自然之美的追求外，还有人大胆地提出了“让艺术消失”的口号。实际上，这个口号并不是要消灭艺术，而是提倡要把艺术之美融入到人们的日常生活中去，让艺术之美点缀美化人们的生活，提升人们的审美价值和丰富人们的审美生活。毕竟，人们对艺术之美的追求是非常强烈的，若是把艺术之美融入生活中去，就能够让艺术真正地褪去它高高在上的外衣，被更多的人欣赏和肯定。国际艺术授权专项基金主席郭羿承曾说：“人需要的不是艺术，而是美。艺术授权，让美走入我们的生活。”可见，对人们艺术之美需求的满足，就是要让艺术之美化身为普通美的消费品。

正如迪士尼公司的米老鼠就是十分具有代表性的美的形象。美国哈佛大学肯尼迪政府学院的资深教授马克·莫尔在他的《迪士尼传》中写道：“地球上凡是有文化的地方，都知道米老鼠的名字。”确实如此，自从1928年第一只米老鼠诞生的那一刻起，迪士尼就注定成为最大的赢家，米老鼠这一经典卡通形象更是影响了美国动画艺术近百年的历史，成为后人无法超越的高峰。如此，从迪士尼的米老鼠第一次被当成品牌出售之后，全世界的制造商都开始为这个小老鼠而疯狂，在许多人的眼里，可以生产迪士尼旗下的品牌，就意味着可以赚得盆满钵满。迪士尼的米老鼠，可以说是家喻户晓、妇孺皆知。这只米老鼠也造就了世界上最著名的动画王国，开创了文化娱乐的新天地，而创作米老鼠的灵感就来自迪士尼对生活、自然以及小动物的热爱，它的出现极大地满足了人们尤其是小孩子对自然之美、生活之美的追求和热爱。

与此类似的还有日本著名的卡通人物Hello Kitty，如今也是全球皆知，在各种装饰物上也纷纷采用这只凯蒂猫的形象，备受人们的推崇，一发不可收地在人们的各种消费品中流行起来。可见，产品经营者和企业若能够审时度势，积极满足人们对美的需求，探索发掘出真正能够契合消费者美的需求的产品或服务，让消费者在购物消费的时候能够得到美的享受和体验，感受到大美之境，那么经营者的产品或服务就能够得到消费者的青睐，就能够在未来激烈的市场竞争中站稳脚跟，开辟出一片广阔的市场。

所以，把美感和产品或服务结合在一起进行销售是产品经营者和企业提升竞争力最应该做的事情。如今，消费者对美的需求日益迫切和强烈，经营者和企业不仅要让消费者感受到艺术之美，更要极力地去营造一个美的王国，让消费者置身于产品和服务之中就犹如置身于一座美术馆中。生活在一座城市里，就像生活在美术馆里，这是产品经营者和企业要切实努力的方向。只有让消费者走进一个房间，就像走进了一个艺术家的世界，让消费者切实感受和体验到满满的美的享受，把美和商品紧密地结合在一起，让所有的消费者能够在他日常生活中所用的消费品中看得到、用得到、体会得到美的存在，那才是经营者和企业的成功。产品经营者和企业奋斗的愿景就应该是极力满足消费者对美的需求。

第五节　科学实现价值是大美的最高境界

人生的意义在于实现价值，而人生最美好的事情就是追求希望和梦想。实际上，对希望和梦想的追求也就是在实现人生的自我价值。所谓人生的自我价值，就是指在个人生活和社会活动中，自我对社会作出贡献，而后社会和他人对其作为人的存在的一种肯定关系。相应地，要想实现对梦想和希望的追求也就是在追求美，很大程度上取决于我们的审美观念和价值判断。不过，这种美与我们看待花草树木之美是有所不同的，能够帮助我们实现人生自我价值的美是一种大美，是与我们的人生价值和意义相关联的。

对于一个人的成长和发展来说，人生观、价值观影响着一个人的言行举止，直接决定着我们为人处世和待人接物的处理方式和原则。树立科学的人生观、价值观是成就自我价值的重要基础和前提，只有在科学正确的人生观、价值观的引导下，我们才能够做出正确的判断和选择，才能在自己的人生道路上演绎出属于自己的精彩。相反，如果人生观和价值观出现偏差，对人生的意义和价值、事情的美丑善恶等缺少理智正确的看法，那么言行举止就会失当，甚至偏离正确的轨道，那么错误也就在所难免了。

而避免产生错误或是将错误的可能性降到最低的方法就是，树立科学的人生观、价值观，以正确的方式来实现自我的人生价值。实际上，人生观和价值观都涉及一个审美价值和审美判断的问题，我们以怎样的审美观念和价值判断来看待事物，那么也就会形成怎样的人生观和价值观。毕竟，人生观是指人们在实践中形成的对于人生目的和意义的根本看法，决定着人们实践活动的目标、人生道路的方向，也决定着人们行为选择的价值取向和对待生活的态度。而价值观则是基于人的一定的思维感官之上而作出的认知、理解、判断或抉择，也就是人们认定事物、辨明是非的一种思维或价值取向，从而体现出人、事、物一定的价值或作用。

显然，人生观和价值观的确立与审美观念以及价值判断是紧密相连的。人们的言行基本上都是在符合自己审美观念和价值判断的情况下做出的，若是有违自己的审美观念，认为是丑的、恶的东西，自然也就会产生排斥情绪予以抵制。所以，在很大程度上人生观和价值观将直接体现审美观念和价值判断。毕竟，我们在看到万事万物的时候，都会有意无意地对眼前的人、事、物进行一番审美评价和判断，若是符合自己的审美评价，就会非常高兴地接受，若是与自己的审美评价相悖，那么就会予以排斥抵触。

可见，人们要想实现自己的人生价值，首先就要确立科学的审美观念和审美评价。在正确审美观的指导和影响下，我们才有可能形成正确的观念和处事方式及原则，继而据此来实现自我的人生价值。反过来说，科学地实现自我的人生价值，也就是对美不断追求和发掘的过程。在这个过程中，我们要培养以审美的观念来看待自然界，看待人类社会，看待人生，看待人生的价值和意义，而美的追求和发掘正是要对人生中所有美好东西的发掘。人们对美的追求最首要也最普及的就是对美好和幸福生活的追求，而美的感受和体验以及对快乐的积累等都是实现美好与幸福的重要途径。

不过，与人们的人生观和价值观有所不同的是，人们对美的追求和发掘以及审美观念的选择是一个不断发展变化的过程，稳定性要差一些。随着人们对美的不同形式的追求，以及在不同情境、不同时间的条件下，其审美评价和价值判断会有一定的差别。但是，这只是人们对生活中一些小的目标和美的事物的追求，着眼的是比较细微的方面，若是对真正美的追求，对大美的钟爱和青睐，却是异常稳定和恒久的。而且，人们对大美追求的审美观念和价值判断也基本上不会有太大的变化，只是在细节或是短期目标上会有一些微调。

而要实现对大美的追求，就需要我们以科学的方式来实现自我的价值，然后确立什么样的人生，选择什么样的人生态度，树立什么样的审美观念和价值判断。具体来说，无论何时何地，我们要实现自我价值，获得他人以及社会的认可，就必须付出自己的辛勤劳动，花费大量的时间和精力，全身心地投入其中，成为一个有理想、有道德、有审美品位的人。如此，才能够成为一个有利于自己、有利于社会、有利于国家的人，也才能获得他人与社会的肯定，真正把自己的价值做到最大化。相反，如果我们没有科学合理的价值实现方式，没有正确的审美观念和价值判断，把美的当成丑的，当坏的视作好的，把错误的当成正确的，那么所有的努力都会付诸东流，以至于最后一事无成。

我们人生最大的懒惰，其实就是当我们明知道自己拥有做出选择的能力，却不去主动改变而是放任自流。在对美的追求过程中，我们只有以科学正确、积极正能量的方式来发掘和探索，才能够真正地拥抱大美，成就大美的最高境界，拥有幸福、美好、充实的人生。当然，这点在市场经济方面也具有极大的借鉴和参考价值。作为产品经营者和企业，要想在未来的市场竞争中赢得一席之地，就必须立足于对大美的营造和满足。而且，在迎合及满足消费者对美的需求时，还要善于以科学、积极、正能量的方式予以引领和刺激。为此，经营者的产品定位和营销方式就得注意让自己的产品拥有科学的美的理念。如此，在科学理念的引导下，消费者对产品或是服务就会在无形中增加好感和认知度，从而增加消费的欲望。

相反，如果产品经营者和企业在进行产品定位的时候，不能给予科学、积极、正能量的引领和发掘，甚至隐含有投机成分，即使短时间内产品被消费者热捧，但时间一长必然会遭到消费者的厌弃，也不利于品牌的建设。因此，产品经营者和企业要想自己的产品或是服务长久稳定地吸引客户，就不仅要立足于眼前的潮流、时尚，更要注重人们对大美的追求和渴望。只有以营造和满足人们对大美的需求，经营者和企业布局的产品或是服务才能切实赢得消费者的认可，不会因为一时的风尚或是审美波动而凋零。也只有这样，才能找到企业的长久生存发展之道，才能成就信誉和质量的双优品牌。

后　记

美是人们生活发展过程中一抹亮丽的色彩，是不可或缺的存在。它不仅能使我们的生活更加地丰富多彩，也让我们的人生有了奋斗和发展的方向。而且，美在我们的生活中无时不在、无处不在，它就像影子一样跟随在我们身边，只要我们有一双善于发现美的眼睛，对生活抱有希望和目标，那么美就会永远存在，甚至还能够成为我们前进路上的动力，让我们每一次前行都能够在美的驱动下轻装上阵、无往不利。

浩瀚的星空，数不清的星星缀满夜空，争先恐后地闪耀着璀璨的光芒；高山之巅，光影变幻，时光更迭，我们置身其中，每天都被美的事物和景色包围，每当我们走近河流、山谷、洞穴等美丽所在，看到一切美的时候，都能够感到生命的鲜活和美的朝气。而在美的触动下，我们心情也能更加愉悦舒畅，生活也就更加快意，在投入到生活和工作的时候就会有更大的激情和动力。

尤其是随着经济社会的发展，人们的生活、工作节奏越来越快，不管是身体还是精神都面临着极大的压力。在这样的压力状态下，人们对美的追求更加强烈和迫切，总是会想方设法地追求一些美的事物，从而调剂自己的生活，让自己紧张的神经能够暂时放松下来，能够有一段安静的时光来丰富自己的精神世界。更为重要的是，审美活动能够陶冶我们的情操，提升我们的品位，让我们的生活更有品质。毕竟，人们的审美观念和价值判断是随着人们思想认识的加深而逐步发展的，当人们的审美观念和价值判断得到提升后，我们对生活的要求和美的追求也会发生变化，继而在生活的细节上就会更加考究，不再仅仅从实用的角度上考虑，而会从审美的角度和观念来审视自己的生活。

在美的驱动下，我们的一言一行就会更加文明友善，我们的一举一动就会更加富有魅力和气质。这种由内而外的美便会影响我们对周围一切事物的判断和评价，继而作用于我们的人生观、价值观，使得我们原本的自我价值得到拓展和深化。美的内涵是十分丰富的，不仅有自然美、社会美、艺术美，还有科技美、古典美等，它几乎涵盖了生活的所有方面，而这些美被人们认识并作用于生活之中后，便有了生活的优雅和自然，有了生命的充实和丰满。

美也是一种主动的追求和创造。随着社会的发展、人们思想认识和审美观念的变化，我们对美的理解和追求也有了更加丰富的内容，我们不仅追求面貌容颜的美，更注重内心的丰赡和精神的富足。加上美是不断向前发展的，不同的时代、不同的历史环境，其审美观念和价值判断也有极大的不同，而造成这一不同点的重要原因就是审美主体的主观能动性。我们在对美的追求中其实也在不断地发掘和创造美，不断地把美的倾向和因素运用到生活的方方面面，让美的艺术不再只是高高在上的摆设，只供部分人欣赏和玩味，而是成为人们日常生活的享受和体验，走入寻常百姓家。

尤其需要指出的是，对美的追求以及满足人们对美的需求正好构成了市场经济的运行法则。无论是在如今的市场经济环境下，还是在未来竞争更加激烈的环境下，产品经营者和企业最为重要的就是研究消费者的审美需求以及如何满足消费者的这一需求。当然，激发引导人们的消费需求并予以满足，更是市场经济的应有之义。而要做到这一点，就需要产品经营者和企业能够切实了解和掌握消费者的审美观念和价值判断，并能够根据时代发展的趋势和特点、人们审美观念下的追求痛点，做出相应的安排。唯有如此，其产品或是服务才能够赢得消费者的认可和肯定，才能逐渐开辟出一片具有强劲竞争力的市场，并发展成为朝阳产业。

美不仅贯穿在我们的生活中，也是各种消费品的重要卖点和产生竞争力的关键。只有真正契合人们对美的需求，不管是短期发展还是长期发展都能赢得主动权，牢牢地握有市场份额。所以，把产品做强，成就朝阳产业，关键就在美的营造和满足、美的引领和驱动。谁做到了这一点，谁就会成为未来市场的领导者。

赵春林

2017年12月